Introdução à topologia de Lacan

Transmissão da Psicanálise
diretor: Marco Antonio Coutinho Jorge

J.-D. Nasio

Introdução à topologia de Lacan

Tradução:
Claudia Berliner

Revisão técnica:
Felipe Castelo Branco
Programa de Pós-graduação em Psicanálise,
Instituto de Psicologia/Uerj

ZAHAR

Grafia atualizada segundo o Acordo Ortográfico da Língua Portuguesa de 1990, que entrou em vigor no Brasil em 2009.

Tradução autorizada da edição francesa publicada em 2010 por Éditions Payot & Rivages, de Paris, França

Esta edição retoma, amplamente revista, parte da obra publicada no Brasil em 1991 com o título *Os olhos de Laura: o conceito de objeto* a *na teoria de Lacan*

Título original
Introduction à la topologie de Lacan

Capa
Sérgio Campante

Revisão
Eduardo Farias
Eduardo Monteiro

CIP-Brasil. Catalogação na fonte
Sindicato Nacional dos Editores de Livros, RJ

N211i Nasio, Juan-David, 1942-
Introdução à topologia de Lacan / J.-D. Nasio; tradução Claudia Berliner; revisão técnica Felipe Castelo Branco. – 1ª ed. – Rio de Janeiro: Zahar, 2011.

(Transmissão da psicanálise)

Tradução de: Introduction à la topologie de Lacan
Contém índice
ISBN 978-85-378-0524-4

1. Lacan, Jacques, 1901-1981. 2. Sujeito (Filosofia). 3. Psicanálise. I. Título. II. Série.

CDD: 150.195
11-1113 CDU: 159.964.26

EDITORA SCHWARCZ S.A.
Praça Floriano, 19, sala 3001 – Cinelândia
20031-050 – Rio de Janeiro – RJ
Telefone: (21) 3993-7510
www.companhiadasletras.com.br
www.blogdacompanhia.com.br
facebook.com/editorazahar
instagram.com/editorazahar
twitter.com/editorazahar

Sumário

Topologia e psicanálise

Para Swann e sua alegria de viver

"Atormenta-me o problema de saber como seria possível representar de maneira plana, bidimensional, algo tão corporal como nossa teoria da histeria."

S. Freud, *Carta a Breuer*, 29.6.1892

O interdito do imaginário fez muito mal aos psicanalistas em seu trabalho de pensar o real. Não é certo que se deva decidir contra a imagem em proveito do dizer ou do número. Quando se trata do real psíquico, a questão permanece: qual a diferença entre pretender dizer esse real com conceitos, escrevê-lo com números e mostrá-lo com artifícios imaginários?

A introdução que Lacan faz da topologia nos anos 1960, e em particular os recentes desenvolvimentos sobre os nós, constitui, a meu ver, uma tentativa de apreender o real por meios imaginários e, como veremos, mais que imaginários, fantasísticos – meios que denominarei artifícios topológicos. Esse modo de considerar a topologia como tendo mais a ver com o desenho do que com o cálculo, mais com o quadro-negro do que com o papel, e mais com o mostrar do que com o demonstrar se opõe à crença de que fazer topologia é, para os analistas, fazer ciência. Para traçar uma linha de demarcação entre a topologia clássica e a nossa, seria preciso proceder como na linguística e inventar um nome, por exemplo, "topologeria" (estou convencido de que a criação da palavra "linguisteria" foi benéfica para desfazer um grande número de mal-entendidos).

Isso posto, resta saber se o interesse dos psicanalistas pela topologia corresponde a uma espécie de sofisticação, de preocupação com problemas ínfimos, fragmentares e inconsequentes, próprios do derradeiro período agonizante de uma teoria, ou, ao contrário, se esse interesse corresponde à reconstituição, inaugurada por Lacan, de uma nova estética transcendental, conforme a experiência não do sujeito do conhecimento, mas do sujeito do inconsciente.

Porém, o que é esse real que exige uma topologia para ser abordado e de que topologia se trata? Respondamos em duas línguas levemente diferentes: uma freudiana, outra lacaniana.

Freud supunha dois mundos reais e desconhecidos: um externo; outro psíquico, interno. Apoiando-se em Kant, alegrava-o concluir que, dos dois, somente o real interior tinha alguma chance de ser cognoscível.[1]

Duas observações virão complicar essa simples divisão dos mundos. Em primeiro lugar, mesmo que o real interno possa ser apreendido, é preciso haver um dispositivo externo, mas dependente das condições desse mesmo real interno. Para Freud, esse dispositivo técnico não é o conceito, o pensamento ou o conhecimento, mas a própria experiência psicanalítica. Ora, os dois mundos aparentemente separados se interpenetram na relação analítica sob a forma cruzada de um quiasma que liga o desejo do paciente ao do psicanalista. É uma fronteira tão larga que absorve os dois mundos que aparta.

Além disso, segunda observação, no final da vida Freud passou a conceber de outra forma a divisão interno-externo. Sem de fato explicitá-lo, admitia que o aparelho psíquico tinha uma extensão no espaço, e que o espaço, por sua vez, era a projeção desse aparelho.[2]

No entanto, apesar desses últimos questionamentos, a obra freudiana e, em geral, a clínica analítica revelam embaraços com essa intuição inextirpável de que o psiquismo é um dentro limitado por uma superfície (a pele) voltada para o real externo.

A dualidade dos reais freudianos é sucedida por uma topologia lacaniana que põe em jogo relações mais precisas. Em vez de dois reais, há um só, unívoco, sem divisão, definido essencialmente por sua modalidade de ser impossível de representar, e no qual a psicanálise situa a dimensão do sexo à exaustão. Diante do real há o sujeito; e entre os dois, o conjunto dos meios com os quais o sujeito aborda esse real do sexo: meios relativos aos significantes e meios relativos ao objeto *a*. Os primeiros meios são chamados sintomas; os segundos, fantasias. Assim, entre o sujeito e o sexo estão diversas relações causais, em geral paradoxais, constitutivas do que a psicanálise chama de realidade. É dessa realidade psicanalítica que a topologia tenta dar conta.

Quatro relações, ou melhor, quatro pares paradoxais de conceitos que definem a realidade são recriados, postos em cena por nossos artifícios topológicos.

Eis aqui, brevemente, cada um desses pares e o ser topológico que os figura:

- a demanda e o desejo, figurados pelo toro;
- o sujeito dividido e seu dizer – um dizer significante –, figurados pela banda de Moebius;*
- um significante e os outros, figurados pela garrafa de Klein;
- finalmente, o sujeito em sua relação com o objeto (fantasia), figurado pelo *cross-cap* (esfera provida de um *cross-cap*).

Retomemos cada um desses pares pontualmente na forma de uma pergunta:

- O primeiro par diz respeito à questão da repetição: como aceitar que seja preciso repetir duas voltas para retornar ao ponto de partida e constatar que alguma coisa se perdeu quando, aparentemente, apenas renovamos o

* A psicanálise adotou a tradução "banda de Moebius" para *bande de Moebius*, mas na matemática a expressão usada é "faixa de Moebius". (N.E.)

mesmo gesto? Contudo, para realmente perder, é de fato preciso dar a volta duas vezes. Explico. A primeira volta corresponde ao traçado de uma repetição local chamada demanda, ao passo que a segunda compreende a série contínua das repetições. Dessas duas voltas resulta o desejo. A demanda, na sua expressão mais simples (*fig.1*),

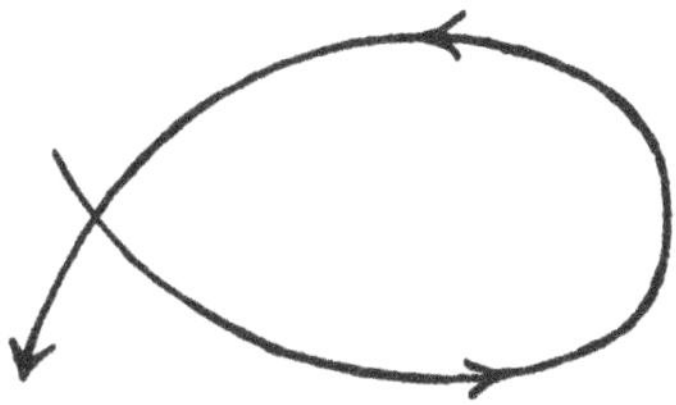

FIGURA 1. Uma demanda local.

é uma mensagem endereçada ao Outro que retorna ao sujeito na sua forma invertida, mas sem que o corpo seja afetado por isso; ou seja, sem que nada se destaque da pulsão. É preciso que a primeira volta de uma demanda local encontre a volta de uma segunda demanda para que haja, de fato, separação; ou, também, não haverá desejo enquanto uma série contínua de demandas (pelo menos duas) não se fechar. O toro nos permite pensar o traçado de duas voltas contínuas ("oito interior") e o furo central que daí resulta, o lugar do objeto faltante do desejo (*figs.2 e 3*).

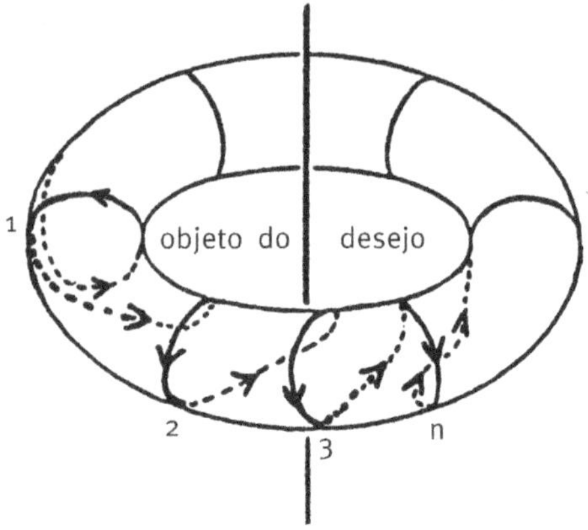

FIGURA 2. Série de demandas num toro: 1, 2, 3, n...

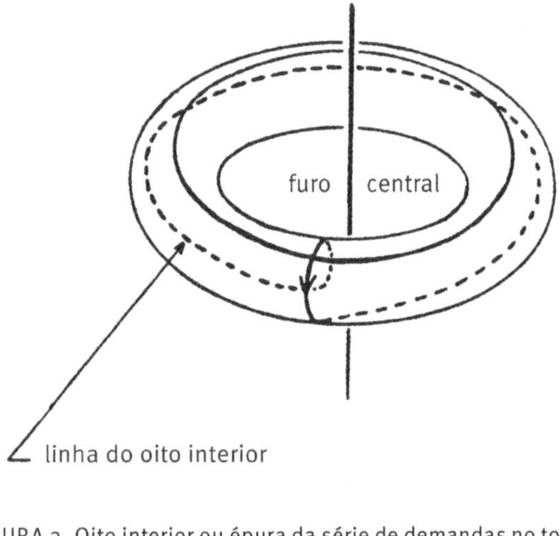

FIGURA 3. Oito interior ou épura da série de demandas no toro.

- O segundo par diz respeito à questão do sujeito. Como é possível que sejamos sujeitos no momento em que somos apenas um dizer e que sejamos, simultaneamente, o suporte ausente das futuras repetições? Ou então, como é possível que sejamos outro, que mudemos pelo mero fato de dizer? Introduzido há muito tempo na teoria lacaniana, o ser topológico que figura bem essa antinomia do sujeito é a banda de Moebius. Em vez de definir o sujeito, a banda de Moebius nos irá mostrá-lo. Mas seria errado identificar diretamente o sujeito com a banda e dizer, apontando para ela: aqui está o sujeito. Não, o que nos interessa na banda de Moebius é o fato de que sua propriedade de ter apenas uma borda muda se realizarmos nela um corte mediano (é o que ocorre, ao menos no caso de uma fita com uma semitorção apenas). Nesse momento, isto é, no momento de cortar seguindo a linha mediana da banda e descrevendo com a tesoura uma curva fechada (que volta a seu ponto de partida), a banda propriamente dita desaparece. O resultado é uma fita que já não é uma banda moebiana (*figs.4 e 5*).

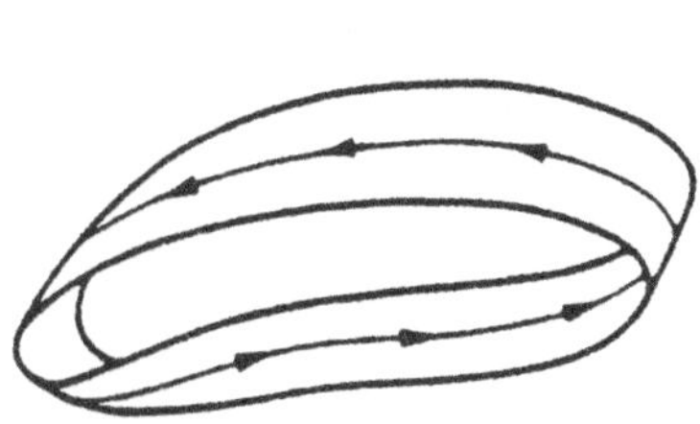

FIGURA 4. Banda de Moebius.

FIGURA 5. Fita não moebiana obtida após corte.

Portanto, não basta representar o sujeito no espaço, faz-se necessário também o ato de cortar, de traçar uma curva fechada. O ato de dizer é da mesma ordem, pois o significante determina, fende o sujeito em dois: ele o representa e, representando-o, o faz desaparecer. É cortando a banda que se poderá dizer: aqui está o sujeito.

- O terceiro par diz respeito à questão da relação, tão difícil de conceber, entre um significante e o resto da cadeia significante. Difícil de conceber porque se trata de apreender como um conjunto de elementos significantes só tem consistência se faltar um e, sobretudo, se esse um faltante se encontrar na parte externa do conjunto ou constituir sua borda. A cadeia significante consiste se, e somente se, um significante lhe "ex-sistir" como sua borda. Contudo, quando se tenta detectar essa lógica do par significante – S_1 (o Um) e S_2 (o conjunto) – por ocasião do aparecimento de um sintoma durante a análise, por exemplo, impõe-se de imediato a questão da relação entre essa formação do inconsciente (sintoma) e o próprio inconsciente. A resposta correta, embora mal formulada, seria: só há inconsciente ali onde há sintoma, nem antes nem depois. Também teríamos podido empregar a expressão "imanência" e formular: o inconsciente é imanente ao significante-sintoma. Nenhuma dessas duas fórmulas é adequada para figurar a lógica da relação entre um significante e os outros significantes. Recorramos, então, à topologia. Aqui, a referência não é o corte, mas o que costuma ser chamado de círculo de reviramento da garrafa de Klein. A família das curvas constitutivas da trama dessa superfície segue um movimento tal que, ao se dobrar sobre si mesma, adota, de certa maneira, a forma do gargalo de uma garrafa. À primeira vista, o tal círculo de reviramento corresponderia, portanto, ao gargalo, ou seja, ao contorno de um furo. Com efeito, topologicamente falando, esse círculo pode ser reconhecido ao longo de toda a superfície, como se o gargalo fosse reconhecível

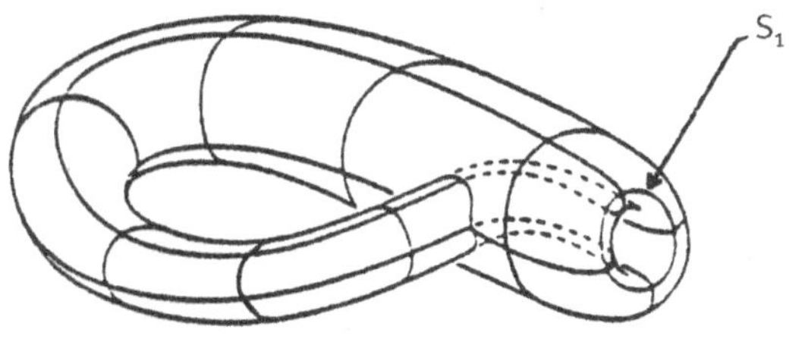

FIGURA 6. Garrafa de Klein.

tanto na base, no colo, quanto em qualquer ponto do corpo da garrafa. O círculo de reviramento representa para nós a exceção, S_1, que pode aparecer em qualquer ponto da superfície e condiciona sua consistência.

- Por fim, o quarto par diz respeito à questão da relação do sujeito com o objeto (questão que mais se aproxima dos dois reais freudianos). Como entender que o sujeito possa incluir em si e ao mesmo tempo se incluir num objeto que, no entanto, lhe é radicalmente exterior e heterogêneo? Em outras palavras, como entender que o que chamamos de fantasia não seja uma imagem no interior da economia psíquica do sujeito, mas um aparelho, uma edificação exposta, estendida na realidade, confundindo-se com ela? O fato de nos mostrar que o dentro e o fora são uma única e mesma coisa é que dá valor ao *cross-cap*. Acompanhemos uma formiga que parte de um ponto do lado anterior do lobo esquerdo, por exemplo; ela passa pela linha de falsa interseção e, imediatamente, encontra-se no lado posterior e interior do lobo direito até encontrar, de novo, ainda no lado interno, mas pela frente, a linha de falsa interseção. Ela sai, então, atrás do lobo esquerdo no seu lado externo, percorre o lado posterior e depois o anterior até encontrar seu ponto de partida. Terá, portanto, passado do exterior ao interior e do interior ao exterior sem ter constatado nenhum limite, sem ter cruzado nenhuma fronteira. Para a formiga, não houve nenhuma diferença entre um suposto interior e um suposto exterior de nossa superfície. Se considerarmos esse trajeto da formiga como o traçado em forma de duplo laço de um corte, ele terá recortado em duas partes o *cross-cap*: uma

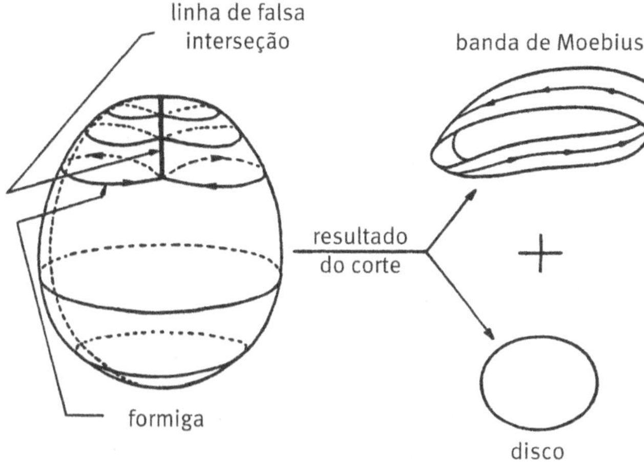

FIGURA 7. Recorte da esfera provida de um *cross-cap*.

banda unilátera (de um lado só) de Moebius, que representa o sujeito, e um disco bilátero (de dois lados), que representa o objeto *a*. Encontramos aí os três elementos da articulação da fantasia propostos por Lacan: o sujeito ($), o corte (◊) e o objeto *a*.

*

Cada um desses seres geométricos (exceto o toro e, em certa medida, a banda) que acabamos de mostrar é resultado de um certo forçamento operado pelo mergulho de uma superfície abstrata no espaço ambiente euclidiano. A superfície abstrata é, em si, irrepresentável em nossas dimensões intuitivas habituais,[3] a menos que se force e se produza uma representação não regular, bastarda, de uma superfície que não existe a não ser como variedade de um espaço abstrato. Como se vê, a topologia com que os psicanalistas pensam e trabalham não é nem a topologia geral nem a algébrica. Embora se aproxime da topologia combinatória, ela é, em última instância, uma topologia muito particular que eu caracterizaria como *mostrativa* e *fantasística*. Nós trabalhamos não com equações, números e letras, mas com tesoura, giz e elástico.

Ora, esses seres, esses lugares, são reais ou fictícios? Nem um nem outro. São artifícios singulares, efetuações espaço-temporais que, à maneira de um teatro especial, dramatizam o paradoxo: a separação do desejo se torna um furo, o percurso repetitivo das demandas segue o traçado de um oito (duplo laço), ou ainda o significante da exceção (S_1) adota a forma do gargalo de uma garrafa. São como elementos intermediários entre o domínio topológico estrito de onde procedem e os pares de conceitos paradoxais da teoria analítica. Não constituem verdadeiras superfícies porque, devido à sua imersão no espaço ambiente, são representações não regulares; tampouco são conceitos, segundo a acepção usual, porque seu sentido não pode nem ser explicado nem demonstrado, ele se mostra. Ele se mostra desenhando, cortando ou colando.

No entanto, seria um erro crer que essa superfície que não é uma superfície e esse conceito efetuado singularmente no espaço, esses *mistos*, como os denominaria Albert Lautman,[4] são a metáfora, boa ou ruim, do paradoxo. Eles não ilustram o paradoxo, são o ser mesmo do paradoxo. Não diremos que o conceito de sujeito é ilustrado pela banda de Moebius, mas, insisto, mostraremos a banda e, cortando-a ao meio, diremos: *isto* é o sujeito. O artifício não designa o ser do sujeito, ele o é.* A representação já não é lida, ela é praticada e é essa prática que lhe dá seu sentido. O sentido está no uso da representação. Ora, quem diz uso também diz malogro e fuga. O que escapa quando se trabalha com esses *mistos topológicos* é o *corpo*. Entendam bem: não o corpo como extensão ou como imagem, mas como lugar parcial de gozo: gozo do olhar e do tocar. Praticar a topologia significa tratar a representação com o corpo e, assim, inscrever essa prática no conjunto de nossas produções fantasísticas. Pois o que é a fantasia senão uma ação, um agir até nos confundir com o pouco de corpo que perdemos?

Apesar das objeções que tal abordagem "clínica"[5] da topologia pode suscitar, tenho duas razões para me aferrar a ela. Primeiro: por que não aplicar à nossa prática da topologia o conceito de gozo que empregamos no trabalho com nossos pacientes, e pensar que a parcela de gozo que essa prática comporta (olhar e tocar) nada mais é do que a transformação do gozo presente no tratamento sob a forma da fantasia? Como se fosse possível falar de transmissão

---

* No tocante a isso, e numa fórmula geral, diríamos que o ser do psíquico, o estatuto ontológico do psiquismo, é precisamente a topologeria analítica.

fantasística de uma prática para outra. A topologia que trabalhamos não escapa do aforismo lacaniano: "Não há metalinguagem." Em outras palavras, não há linguagem (nem mesmo a do manejo dos seres topológicos) que não seja posta em xeque pelo gozo.

A segunda razão que me atém à topologia concerne ao imaginário dos psicanalistas. Como é que a prática com os objetos topológicos pode transformar, nos analistas que a ela se entregam, as condições de seu imaginário? E em que medida esse imaginário modificado, adaptado às exigências da topologia, pode levá-los a escutar de outra forma os seus analisandos e a sua própria experiência? Parto do pressuposto de que no analista que maneja frequentemente esses artifícios a familiaridade que acaba adquirindo em relação a eles pode acostumá-lo, se não a perceber, a imaginar até certo ponto um espaço outro, mais próximo da representação topológica do real psíquico. Já não se trataria de pretender eliminar a intuição em benefício de um suposto formalismo topológico, mas de transformá-la. Quem sabe, então, o exercício da topologia permita abrir o campo de um novo imaginário ligado à experiência do inconsciente.

* *
*

CONSTRUÇÃO VISUALIZADA DO *CROSS-CAP**

* Este capítulo foi realizado em colaboração com François Tingry.

Liminar

Nosso ponto de partida foi o estudo dos desenvolvimentos topológicos elaborados por Lacan. Trabalhando de forma minuciosa a origem e a construção do objeto topológico – talvez a parte mais importante da teoria lacaniana –, a saber, o *cross-cap*, ou, mais exatamente, a esfera dotada de um *cross-cap*,* realizamos a experiência de que é possível estabelecer formalmente sua apresentação de modo claro.[1] A exposição a seguir destina-se a um leitor que, supostamente, não tem nenhum conhecimento matemático específico.[2]

Como veremos, o *cross-cap* é o objeto que resulta da transformação de um outro objeto topológico, mais geral e mais conhecido pelos matemáticos, a que se dá o nome de plano projetivo. Numa primeira abordagem, a diferença entre eles reside no fato de que o *cross-cap* é visível, enquanto o plano projetivo não. Nossa exposição consistirá, precisamente, em acompanhar passo a passo essa transformação de um objeto invisível num objeto visível. Numa

* Não distinguiremos aqui o *cross-cap* da *esfera munida de um cross-cap*. Embora sejam dois objetos muito diferentes, provisoriamente empregaremos, por comodidade, esses dois termos indistintamente.

formulação mais rigorosa, devemos dizer que a esfera munida de um *cross-cap* constitui a representação no espaço tridimensional de uma superfície abstrata bidimensional chamada plano projetivo. Essa representação tridimensional é, por assim dizer, defeituosa e resulta da imersão do plano projetivo no espaço ambiente usual. Para entender melhor os vários momentos dessa imersão, recapitularemos primeiramente algumas noções preliminares. Em seguida, acompanharemos em detalhes as quatro etapas que, do plano projetivo, conduzem ao *cross-cap*.

*

1. Três noções prévias à construção do *cross-cap*: homeomorfismo, mergulho/imersão e reta projetiva

Para acompanhar as quatro etapas da imersão do plano projetivo será preciso, antes, recapitular três noções necessárias à compreensão da passagem de uma etapa para a seguinte: a noção de homeomorfismo, a de mergulho/imersão e a do que seja uma reta num plano projetivo.

Homeomorfismo. Em topologia, dois objetos são homeomorfos se responderem a duas propriedades notáveis: a todo ponto de um dos objetos corresponde um ponto e um só ponto do outro, e vice-versa. E a dois pontos vizinhos de um correspondem dois pontos vizinhos do outro, e vice-versa. Essas duas propriedades, chamadas respectivamente bijeção e bicontinuidade, fazem do homeomorfismo uma transformação reversível entre dois objetos. Tomemos um disco de borracha e o deformemos até que vire uma elipse ou um quadrado; diremos, então, que essas superfícies tão diferentes na sua forma aparente são, no entanto, estritamente homeomorfas, porque as duas propriedades que definem o homeomorfismo – a bijeção e a bicontinuidade – nelas se verificam. Nesse caso, dir-se-á que essas superfícies (disco e quadrado) são equivalentes porque são homeomorfas.

Mergulho e imersão. Tanto o mergulho quanto a imersão são a transformação de um objeto inicial em um objeto final quando se introduz o primeiro em um meio específico. O objeto final pode ser equivalente ao objeto inicial e verificar-se entre eles o homeomorfismo, tal como o descrevemos. Mas também pode acontecer que as condições do espaço no qual a transformação se desenvolve produzam um objeto final não totalmente equivalente ao objeto inicial. O primeiro caso, em que ambos os objetos são totalmente equivalentes, chama-se *mergulho*. No segundo caso, denominado *imersão*,[3] a equivalência só se verifica parcialmente. Se retomarmos o que dissemos sobre as duas propriedades do homeomorfismo, a bijeção e a bicontinuidade, constataremos que na imersão a primeira propriedade não se verifica, ou seja, não há bijeção entre o objeto inicial e o objeto final.

As duas transformações – uma chamada mergulho, na qual a bijeção se verifica, e a outra chamada imersão, na qual a bijeção não se verifica – são aplicáveis ao caso do plano projetivo.[4] O plano projetivo poderá ser dito mergulhado ou imerso conforme o meio no qual essa transformação ocorreu e conforme o resultado final da transformação. Se a transformação se desenvolveu num meio-espaço com mais de três dimensões, o objeto final será totalmente equivalente ao plano projetivo. Falaremos, então, de *mergulho* do plano projetivo. Se a transformação se desenvolve num espaço euclidiano de três dimensões, o objeto final não será equivalente ao plano projetivo. Falaremos, então, de *imersão* do plano projetivo. Como veremos a seguir, a esfera munida de um *cross-cap* é o resultado final da *imersão* do plano projetivo num espaço euclidiano de três dimensões.

Reta projetiva. Definidas as noções de homeomorfismo, de mergulho e de imersão, vejamos agora o que é uma reta num plano projetivo. Comecemos por considerar o plano comum (*fig.1*): sabemos que duas retas pertencentes a esse plano são paralelas quando não têm ponto em comum, quando não se cortam.

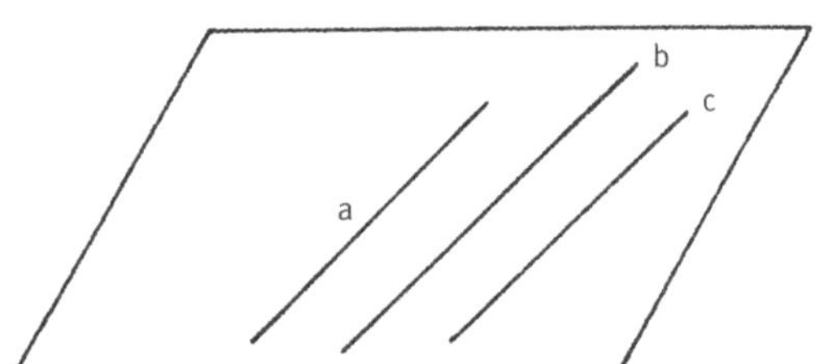

FIGURA 1. Retas paralelas do plano comum.

Diferentemente do plano comum, o plano projetivo é aquele em que as retas paralelas se encontram num ponto no infinito. Veremos que o desenho global desse plano é impossível. Uma primeira ideia intuitiva disso nos é fornecida pelas trajetórias paralelas de vários barcos que, ao se afastarem da costa, dão a impressão de que se encontrarão num ponto do horizonte (*fig.2*).

Uma das características topológicas de uma reta pertencente ao plano projetivo é ter um ponto no infinito. Destaco o fato de que a reta projetiva *possui* um ponto no infinito, ao passo que a reta do plano comum é infinita, *sem* ponto no infinito.

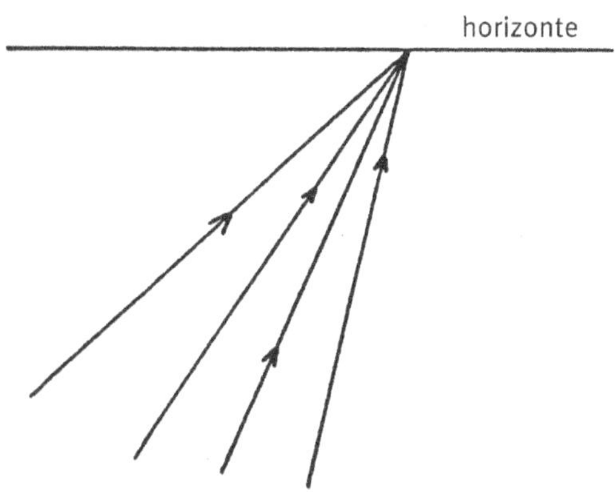

FIGURA 2. Retas paralelas do plano projetivo.

A outra característica da reta projetiva é a seguinte: *toda reta projetiva é uma reta fechada*. Isso quer dizer que, cada vez que pensamos numa reta do plano projetivo, devemos pensá-la se fechando no seu ponto no infinito, ou seja, como sendo um círculo.

Para demonstrar essa propriedade fundamental da reta projetiva de ser homeomorfa a um círculo, será preciso fazer corresponder um *ponto* da reta projetiva a um *ponto* do círculo. A apresentação que escolhemos, muito intuitiva, é a seguinte: tracemos um círculo C e depois uma reta Δ que supostamente pertence ao plano projetivo. Tomemos, no círculo, o ponto mais próximo da reta Δ e o chamemos B.

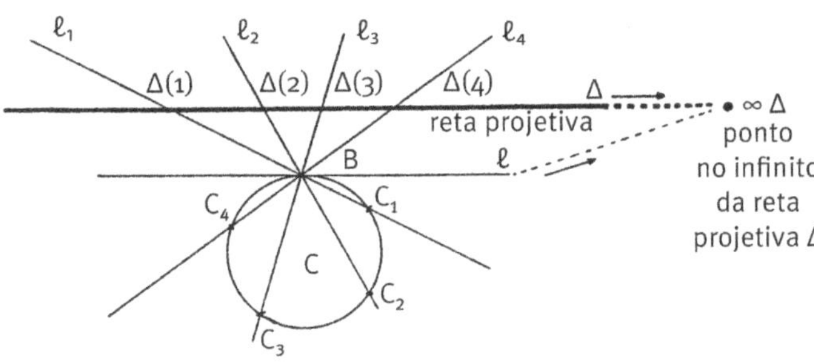

FIGURA 3. A reta projetiva (D) é homeomorfa a um círculo (C).

Projetando sobre o ponto B todos os pontos da reta Δ, por exemplo, os pontos Δ(1), Δ(2), Δ(3), Δ(4) etc., obtemos um feixe de linhas ℓ_1, ℓ_2, ℓ_3, ℓ_4 etc. que passam por B e cortam o círculo C nos pontos C(1), C(2), C(3), C(4) etc. Vemos que os pontos de Δ têm seu correspondente nos pontos do círculo. Há, contudo, um problema. Quando, ao traçar uma linha ℓ, queremos encontrar a correspondência do ponto B do círculo com um ponto de Δ, constatamos que essa linha ℓ se mostra paralela a Δ e, portanto, não corta Δ. A linha ℓ só pode cortar Δ se acrescentarmos a Δ um ponto no infinito. Coloquemos, pois, à direita do desenho o ponto no infinito ∞Δ (*fig.3*). Podemos afirmar, então, que ℓ é a linha de projeção de ∞Δ sobre o ponto B do círculo C. É possível agora enunciar que há bijeção, já que todos os pontos da reta projetiva Δ, inclusive ∞Δ, têm um correspondente no círculo C, e que há bicontinuidade, pois a dois pontos vizinhos de Δ correspondem dois pontos vizinhos de C, e vice-versa. O fato de haver bijeção e bicontinuidade entre Δ e C nos permite dizer que, efetivamente, Δ é homeomorfo a C e que, dessa forma, a reta projetiva é homeomorfa a um círculo.

Se a reta projetiva é homeomorfa a um círculo, pode-se concluir que toda reta projetiva é uma reta fechada que tem um ponto no infinito.

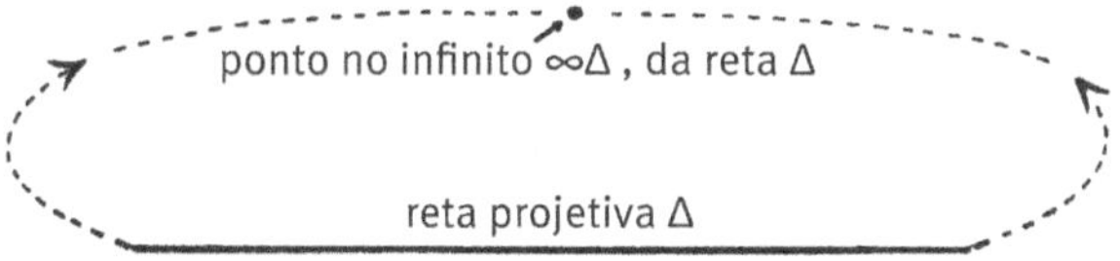

FIGURA 4. Uma reta projetiva é uma reta fechada, portanto, um círculo.

*

2. Construção da esfera munida de um *cross-cap* ou imersão do plano projetivo no espaço de três dimensões

Pois bem, se a reta projetiva é homeomorfa ao círculo, como desenhar um plano dito projetivo que contenha todas essas retas, ou seja, todos esses círculos? O problema se complica porque esses círculos não compõem um único grande grupo, distribuindo-se em diferentes grupos. Cada um deles compõe-se de uma infinidade de círculos que passam por um único ponto no infinito que lhes é comum. Por conseguinte, o desenho de um plano projetivo é extremamente complicado, porque seria necessário representar um número infinito de grupos de círculos, cada qual referido a um ponto no infinito. Portanto, seria preciso desenhar um plano que tivesse como limite uma linha composta por todos os pontos no infinito que servem de ponto de referência para cada um dos grupos. A principal dificuldade para fazer esse desenho é precisamente a representação do limite do plano projetivo, isto é, dessa linha composta pelos pontos no infinito. Para transmitir a impossibilidade desse desenho, fizemos um esquema bastante simplificado (*fig.5*). No que diz respeito a essa impossibilidade, notemos com Pierre Soury a curiosidade histórica de que "a dificuldade de desenhar o plano projetivo só foi explicitamente reconhecida um século depois de o plano projetivo ter sido concebido".[5]

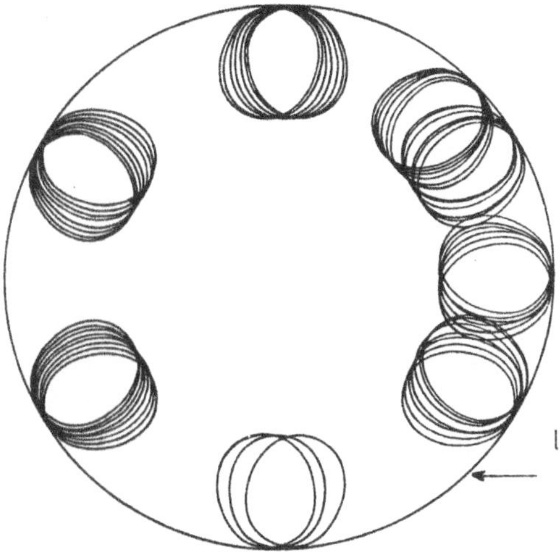

FIGURA 5. Esquema simplificado destinado a mostrar a impossibilidade de desenhar o plano projetivo.

Se fizermos realmente questão de obter uma representação visível desse plano projetivo, ou seja, uma representação no espaço tridimensional, teremos de nos desfazer progressivamente dessas retas projetivas-círculos tão difíceis de imaginar juntas. Para isso, com a ajuda da noção de homeomorfismo, transformemos esses círculos e o plano que os contém em elementos mais fáceis de manejar. Por meio de uma série de transformações, substituiremos o plano projetivo por um objeto chamado *cross-cap*, ou, mais exatamente, esfera munida de um *cross-cap*. Ambos são superfícies, mas, enquanto o plano projetivo é uma superfície abstrata, a esfera munida de um *cross-cap* é uma superfície concreta. Esta última consiste numa representação irregular, bastarda, que aparece quando se *imerge* o plano projetivo no espaço habitual.

*

Para chegar a essa esfera provida de um *cross-cap*, temos de passar por quatro etapas. Em primeiro lugar, transformemos por homeomorfismo o plano projetivo num objeto mais fácil de manipular: um feixe de retas. Construído o feixe, tentaremos substituí-lo por um objeto equivalente ainda mais fácil de manipular chamado hemisfério. Depararemos, então, com uma dificuldade para realizar essa substituição que vai nos levar, num primeiro momento, a querer transformar o feixe não em hemisfério regular, mas em um hemisfério mal colado. Porém, como esse hemisfério estranho tampouco vai nos satisfazer, seremos obrigados, num segundo momento, a finalmente transformar o feixe em uma esfera provida de um *cross-cap*.

Resumindo:

1ª etapa: o plano projetivo é homeomorfo ao feixe (a um *ponto* do plano projetivo corresponde uma *reta* do feixe).

2ª etapa: uma dificuldade: não há bijeção entre o feixe e o hemisfério. Eles não são homeomorfos.

3ª etapa: uma solução ruim - hemisfério mal colado.

4ª etapa: uma solução melhor que a anterior, mas ainda defeituosa - a esfera provida de um *cross-cap*. Ganhamos uma representação melhor, mas a dificuldade nem por isso fica resolvida: continua não havendo bijeção entre o feixe e essa nova representação. Eles não são homeomorfos.

Conclusão:

$$\text{plano projetivo} \xrightarrow[\text{em } \mathbb{R}^3]{\text{imersão}} \text{esfera provida de um } \textit{cross-cap}$$

1ª etapa: Demonstremos que o plano projetivo é homeomorfo ao feixe. Lembremos, em primeiro lugar, que um feixe (*fig.6*) é o conjunto das retas do espaço que passam por um ponto dado 0; essas retas são tanto horizontais (por exemplo, d', N, M...) quanto verticais (por exemplo, d_1, d_2, d_3, d_4...).

Em seguida, coloquemos o feixe em correspondência com nosso plano projetivo que o desenho a seguir apenas evoca; apenas evoca porque já dissemos que é impossível figurar exatamente esse plano.

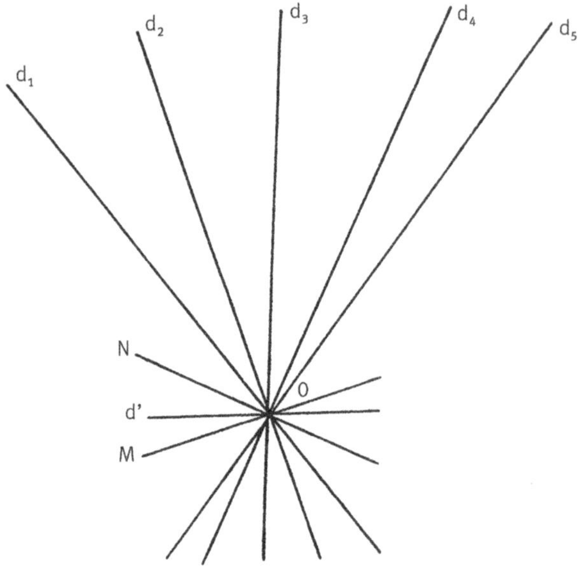

FIGURA 6. Um feixe de retas.

Para estabelecer o homeomorfismo entre o plano projetivo e o feixe, temos de fazer corresponder *pontos* com *retas*, os pontos do plano projetivo com as retas do feixe. Mas quais pontos do plano projetivo? Todos os pontos, é claro, quero dizer, tanto os pontos comuns quanto os pontos no infinito. Ora, são os pontos no infinito que realmente nos interessam e que criarão dificuldades quando tentarmos realizar o homeomorfismo.

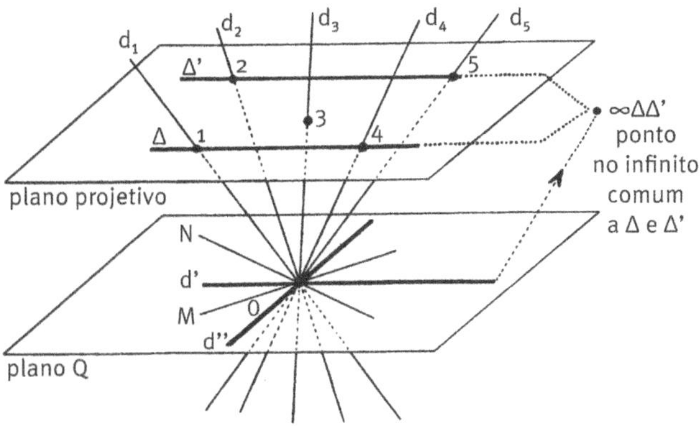

FIGURA 7. Homeomorfismo entre o plano projetivo e o feixe.

Comecemos, então, simplesmente colocando o plano projetivo sobre o feixe de modo que ele seja transpassado pelas retas. Os pontos, 1, 2, 3, 4, 5 etc. em que esse plano é transpassado correspondem às retas d_1, d_2, d_3, d_4, d_5 etc., que o transpassam. A cada ponto corresponde uma reta, e vice-versa.

Mas estamos diante de um problema: a qual reta do feixe corresponde o ponto no infinito (∞ΔΔ'), comum às retas Δ e Δ' do plano projetivo? À primeira vista, não temos nenhum ramo no feixe que corresponda a esse ponto. A solução consiste em escolher uma reta horizontal d' do feixe e do plano Q que passe por 0 e seja paralela às duas retas Δ e Δ' do plano projetivo. Podemos imaginar que essa reta escolhida é aquela que passa pelo ponto infinito (∞ΔΔ') do plano projetivo, comum às duas retas Δ e Δ'. Estabelecemos dessa forma a bijeção: a cada ponto do plano projetivo, inclusive seus pontos no infinito, corresponde uma única reta do feixe, e vice-versa. Também estabelecemos a bicontinuidade: a dois pontos vizinhos do plano projetivo correspondem duas retas vizinhas do feixe, e vice-versa. Preenchidas essas duas condições, podemos afirmar que o plano projetivo é homeomorfo ao feixe. Por conseguinte, daqui em diante já podemos deixar de falar de plano projetivo e passar a falar de seu equivalente mais fácil de manipular, o feixe.

2ª *etapa*: dificuldade de estabelecer uma bijeção entre o feixe e um hemisfério.

Queremos agora nos livrar do feixe e trabalhar com um objeto ainda mais fácil de manipular, o hemisfério. Vejamos, então, se são equivalentes, isto é, se a operação de bijeção se verifica entre as retas do feixe e os pontos do hemisfério.

Comecemos traçando o feixe das retas horizontais e verticais que passam pelo centro o (*fig.8*) e o cubramos com uma calota (hemisfério) de centro o. A borda dessa calota se apoia no plano comum Q.

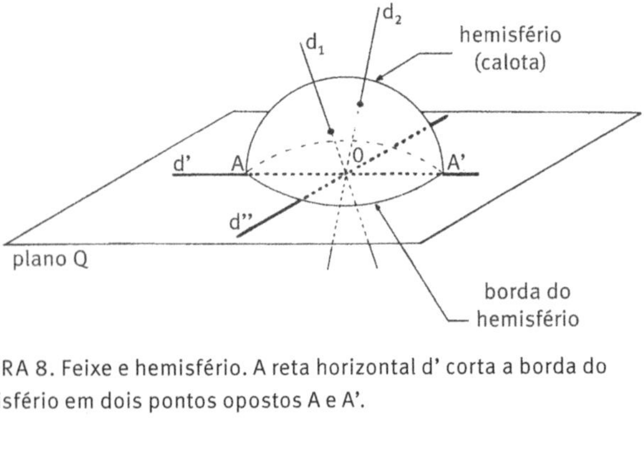

FIGURA 8. Feixe e hemisfério. A reta horizontal d' corta a borda do hemisfério em dois pontos opostos A e A'.

Haverá bijeção entre o feixe e o hemisfério? Observando o desenho (*fig.8*), fica evidente que cada uma das retas verticais do feixe (d_1, d_2...) transpassa a calota num *único ponto*, e que nesse caso a bijeção se verifica: a uma reta vertical do feixe corresponde um ponto da calota. A bijeção não se verifica, porém, para as retas horizontais (como d' e d"), porque cada uma dessas retas intercepta duas vezes o hemisfério no nível de sua borda. Para cada reta horizontal, temos mais de um ponto de interseção, temos dois. Por exemplo, a reta d' corta a borda do hemisfério em *dois pontos*, A e A'. Esses pontos diametralmente opostos são ditos pontos antípodas.

Percebemos desde já que temos um problema: não há homeomorfismo entre o feixe e o hemisfério, pois para isso teria sido preciso que a toda reta do feixe correspondesse um ponto e só um ponto do hemisfério, o que não se verifica para as retas horizontais, como d'. Estas têm dois pontos na borda que lhes correspondem e não um só.

*

Para obter a bijeção que buscamos, aquela que faz corresponder uma reta horizontal do feixe, tal qual d', com um e somente um ponto da borda do hemisfério, é preciso fazer desaparecer o fato de haver dois pontos. Na verdade, se quiséssemos, poderíamos estabelecer essa bijeção sem nenhuma dificuldade e de forma imediata, recorrendo a um certo cálculo matemático. Por meio dessa via teórica obteríamos imediatamente o homeomorfismo desejado entre o feixe e um hemisfério, condensando os dois pontos opostos da borda em um único ponto. Um matemático teria procedido dessa forma e teria se contentado em parar por aí. Nós preferimos proceder de outra maneira.

Queremos permanecer no espaço tridimensional e saber se, manipulando o hemisfério como se faria com um objeto real, alcançaremos a bijeção buscada: uma reta do feixe para um ponto da borda do hemisfério. Insistimos em permanecer no registro dos desenhos e das coisas manipuláveis até topar com uma impossibilidade intransponível. Faremos agora, portanto, uma primeira tentativa de manipulação do hemisfério. Ele se revelará um fracasso e nos obrigará a agir de um modo diferente que, finalmente, dará no nosso *cross-cap*.

*

3ª etapa: uma solução ruim – o hemisfério mal colado.

Imaginemos que colamos os dois pontos opostos A e A' da borda do hemisfério para fazer deles um só ponto. Assim, a reta d' terá apenas um ponto que lhe corresponde. Para que todas as retas horizontais do feixe tenham como correspondente apenas um ponto, deveríamos também colar todos os outros pares de pontos diametralmente opostos da borda do hemisfério.

O que acontece, então? No afã de conseguir a bijeção colando de maneira cruzada os pontos opostos da borda do hemisfério, logo percebemos a impossibilidade de realizar essa sutura. Isso se deve ao fato de que tentamos colar de modo inábil a borda mantendo o hemisfério apoiado num plano. Enquanto persistirmos em querer colar o hemisfério sem abandonar o plano, a sutura se mostrará impossível de ser efetuada corretamente.

O desenho da figura 9 é a melhor aproximação que encontramos para evocar como esse modo de sutura é impossível de operar e também de representar.

Assim sendo, não encontramos a bijeção que visávamos e, por conseguinte, não encontramos o objeto mais fácil de manipular que fosse equivalente ao feixe. Nossa questão era: o feixe é ou não é homeomorfo ao hemisfério? Neste momento e depois dessa tentativa de colagem, podemos responder: o feixe não é homeomorfo ao hemisfério com borda (calota) da figura 8, nem a esse hemisfério mal colado da figura 9.

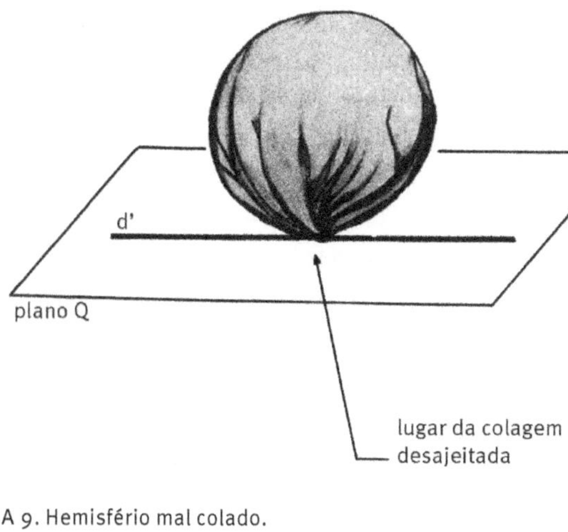

FIGURA 9. Hemisfério mal colado.

A sutura talvez seja impossível de realizar porque operamos uma colagem rudimentar demais e sem método. Haverá outra maneira de colar dois a dois os pontos opostos da borda do hemisfério? Sim, desde que se faça essa colagem sem apoiar o hemisfério num plano, como era o caso da calota (*fig.8*) e do hemisfério mal colado (*fig.9*). Livre do plano, a borda do hemisfério se tornará flexível e fácil de manipular.

4ª etapa: uma solução melhor que a anterior, mas ainda defeituosa: hemisfério mais bem colado e obtenção de uma esfera provida de um *cross-cap*. Mas nem assim se verificará a bijeção entre o feixe e essa esfera coroada por um *cross-cap*.

Retornemos à 2ª etapa, ao momento da calota apoiada no plano. Queríamos obter a bijeção entre uma reta horizontal qualquer do feixe e um único ponto da borda do hemisfério. Íamos colar a borda tomando o cuidado de reduzir a um ponto cada par de pontos opostos. Agora, colemos essa borda sem que o hemisfério seja obrigado a permanecer apoiado num plano e seguindo um procedimento metódico. Veremos, dessa vez, que conseguimos reduzir a um ponto cada par de pontos opostos e que a sutura finalmente se realiza. Essa nova colagem nos levará finalmente ao objeto chamado esfera munida de um *cross-cap*.

Contudo, não ficaremos satisfeitos. Uma dificuldade nova e inesperada não nos permitirá estabelecer a bijeção almejada. A colagem foi bem-feita, mas, como explicaremos adiante, a sutura que dela resulta não corresponderá às nossas expectativas: colamos demais. Antes, a colagem pecava por falta, pois era impossível (hemisfério mal colado) reunir dois pontos num ponto; depois, pecará por excesso, pois reunirá quatro pontos num só. Tornaremos a essa nova dificuldade, porém, antes, executemos a colagem que leva ao *cross-cap*.

Voltemos, primeiro, a nosso hemisfério com forma de calota, mas dessa vez não o apoiemos sobre um plano (*fig.10*). Afundemo-lo até que se torne uma espécie de vasilha (*fig.11*).

Tomemos, agora, na borda da vasilha, dois pares de pontos antípodas, por exemplo (A, A') e (B, B'). Puxando levemente para cima os pontos A, A', e para baixo os pontos B, B' (*fig.12*), deformemos a vasilha até obter o objeto da figura 13.

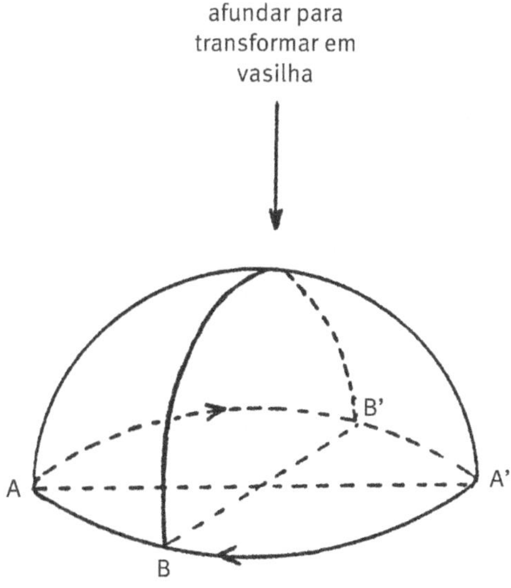

FIGURA 10. Hemisfério não apoiado sobre um plano.

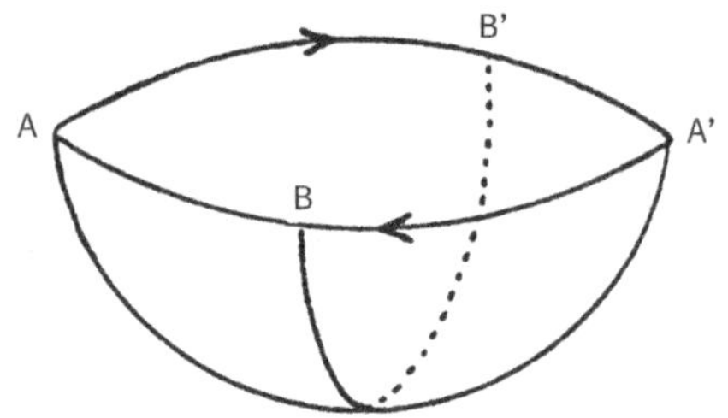

FIGURA 11. Vasilha.

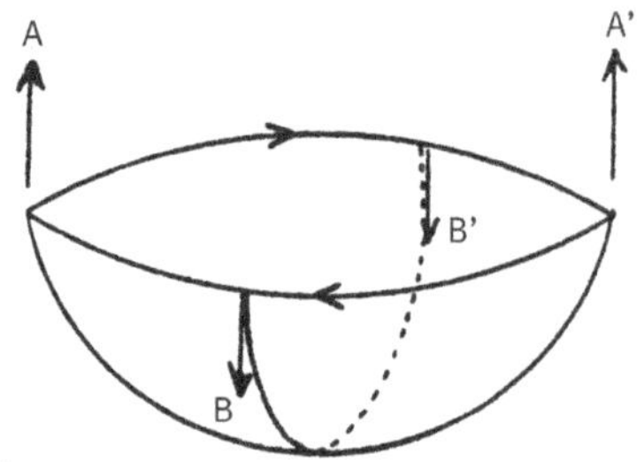

FIGURA 12. Vasilha.

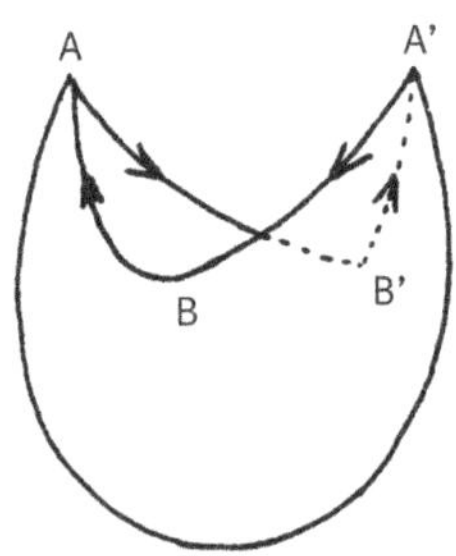

FIGURA 13.

Para construir a esfera munida de um *cross-cap*, falta apenas colarmos de forma cruzada os quatro segmentos seguintes da borda do hemisfério: $\widehat{AB}$ com o segmento $\widehat{A'B'}$, e $\widehat{AB'}$ com o segmento $\widehat{A'B}$ (*fig.14*). É bom insistir que se trata de uma colagem *cruzada*. Fechamos, portanto, o hemisfério, fazendo coincidir dessa forma todos os pontos constituintes de um dos segmentos da borda com todos os pontos constituintes do segmento oposto da borda, e o mesmo para os pontos dos dois outros segmentos. Por exemplo, o ponto 1 será colado de forma cruzada com o ponto 4, e o ponto 2 será colado com o ponto 3 (*fig.14*). A representação topológica assim obtida é uma esfera pinçada cuja parte superior mostra claramente a sutura como sendo uma linha vertical traçada entre os pontos A e A', que agora se tornaram um único ponto (extremidade superior da linha), e os pontos B e B', que também se tornaram um único ponto (extremidade inferior da linha) (*fig.15*).

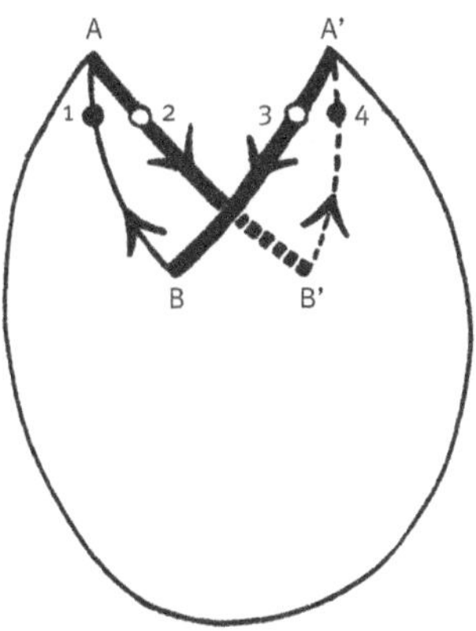

FIGURA 14. Colagem cruzada do segmento $\widehat{AB}$ com $\widehat{A'B'}$ e do segmento $\widehat{AB'}$ com $\widehat{A'B}$.

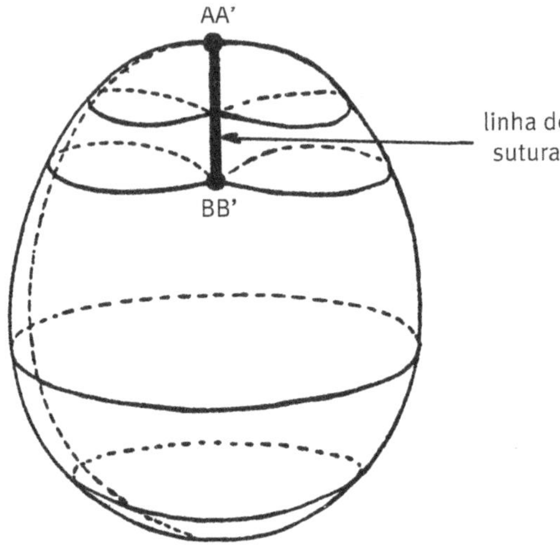

FIGURA 15. Esfera provida de um *cross-cap*.

Observação: é essa superfície global que Lacan geralmente chama de *cross-cap*. Na verdade, o nome *cross-cap* designa apenas a parte superior pinçada que coroa a parte inferior esférica, ao passo que o conjunto da superfície se chama "esfera provida de um *cross-cap*" (*fig.16*). Precisemos que o *cross-cap* propriamente dito é uma superfície aberta, pois tem uma borda, enquanto a esfera munida de um *cross-cap* é uma superfície fechada, pois não tem borda.

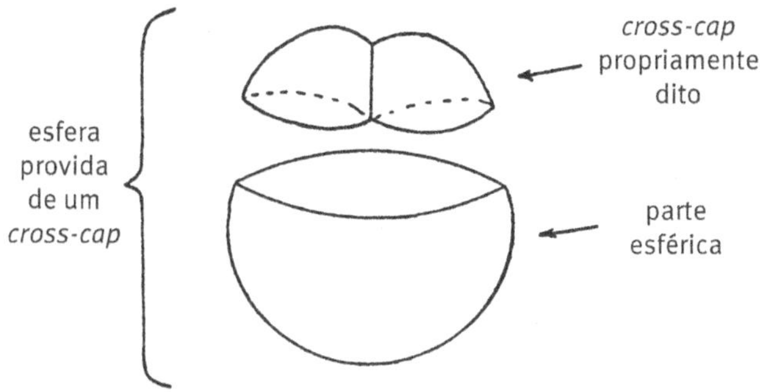

FIGURA 16. Desmontagem da esfera provida de um *cross-cap*.

Modelo intuitivo do cross-cap*: um balão pinçado* (fig.17)

Nossa experiência indicou que, depois de aprendida e assimilada essa demonstração formal, fazia-se necessário tornar o *cross-cap* visível e, por que não?, palpável. Não podíamos nos contentar em demonstrar o *cross-cap*, também precisávamos efetuá-lo numa dimensão espaço-temporal. Num primeiro momento, pensamos em lhe dar forma manipulando massa de modelar. Depois de algumas tentativas, experimentamos diversos materiais (fios metálicos, por exemplo), até que tivemos a ideia de utilizar um balão inflado, tão leve quanto o ar, pinçando-o em sua parte superior. Ficamos imediatamente surpresos de ver até que ponto esse simples balão pinçado evocava bastante bem o resultado a que chegamos com uma demonstração rigorosa.

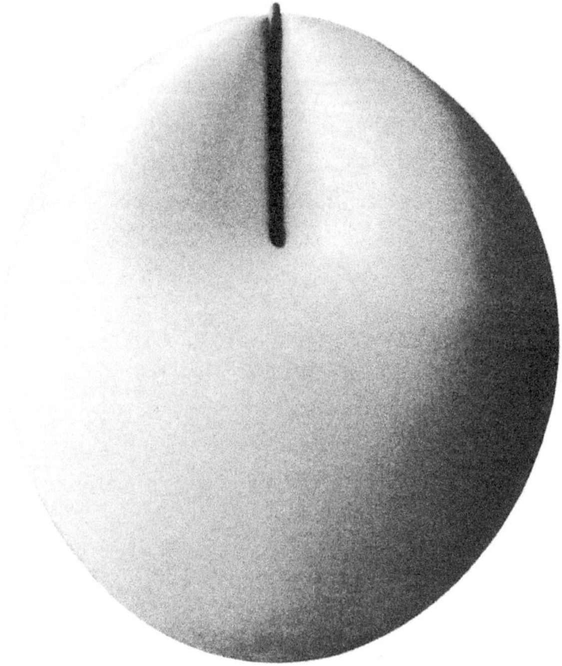

FIGURA 17. Modelo intuitivo do *cross-cap*: um balão inflado, pinçado em sua parte superior.

*

Conclusão. A esfera munida de um *cross-cap* resulta da imersão do plano projetivo num espaço tridimensional.

Chegamos, por fim, à esfera munida de um *cross-cap*. Contudo, será que a colagem assim efetuada verifica a bijeção que buscávamos entre as retas horizontais do feixe e os pontos da borda do hemisfério, ou seja, os pontos da linha de sutura? Não, a sutura assim constituída não permite a bijeção e vamos explicar por quê. Desde já, porém, podemos concluir que, não se verificando essa bijeção, a esfera munida de um *cross-cap* que acabamos de construir não é um objeto equivalente ao plano projetivo. Se retomarmos a distinção entre imersão e mergulho, diremos que o plano projetivo está *imerso* e não mergulhado em três dimensões. O que vemos, então, num espaço de três dimensões, ou seja, a esfera munida de um *cross-cap*, é uma representação visível, mas defeituosa, do plano projetivo, logo, não equivalente. O defeito situa-se, precisamente, no nível da linha de sutura.

*

3. Leitura tridimensional do *cross-cap*

a) A linha de sutura tal como a vemos num espaço de três dimensões: uma linha vertical ordinária

Por que a sutura assim obtida não permite a bijeção? Para entender por que a bijeção não se verifica, temos inicialmente de distinguir duas classes de retas horizontais do feixe – uma classe composta somente pelas duas retas horizontais: d' e sua perpendicular d" (*fig.7*); e uma classe composta por todas as outras retas horizontais *oblíquas*, como N e M. Para as duas retas perpendiculares da primeira classe, a bijeção se confirma plenamente, porque a cada uma corresponde um único ponto e vice-versa. Exemplo: a d' corresponderá o ponto único (A, A'), e à sua perpendicular d" corresponderá o ponto único (B, B'). Isso significa que as duas retas horizontais perpendiculares do feixe encontram o respectivo correspondente no nível dos dois extremos, superior e inferior, da linha de sutura.

O mesmo não se dá para as retas horizontais *oblíquas* do feixe. Nesse caso, a bijeção não se verifica porque não temos uma correspondência de uma reta para um ponto – como é o caso bem-sucedido das retas horizontais perpendiculares –, mas de duas retas para um ponto. Em suma, *a bijeção entre o feixe e a esfera provida de um* cross-cap *não se dá no nível das retas horizontais oblíquas.*

Olhemos bem para a figura 14. Ela mostra o instante exatamente anterior à borda ser colada. Os pontos A e A' em cima e B e B' embaixo vão se tornar, respectivamente, no momento da efetiva colagem, um só ponto. Um só ponto em cima, que designaremos AA' e um só ponto embaixo, que designaremos BB' (*fig.15*).

No nível de A e A', só existem dois pontos para colar, e o mesmo ocorre no nível de B e B'. Ora, em qualquer outro nível da borda intermediário entre esses extremos, vemos que não há dois pontos para colar, mas quatro: um ponto para cada um dos quatro segmentos da borda dobrada. É evidente que a diferença entre as extremidades da borda em que há apenas dois pontos para colar e os níveis intermediários, onde há quatro, deve-se ao fato de que dobramos a borda em quatro.

Consideremos, por exemplo, os quatro pontos que numeramos 1, 2, 3, 4 (*fig.14*). Como vamos colar esses quatro pontos? Lembremos que queríamos colar dois a dois todos os pontos diametralmente opostos da borda do hemisfério a fim de que cada par de pontos ficasse ligado a uma reta horizontal do feixe. Assim, os pontos 1 e 4 correspondem à reta horizontal oblíqua M do feixe, e os pontos 2 e 3, à reta horizontal oblíqua N do feixe (*fig.19*). O ponto 1 será colado a seu oposto, o ponto 4, e o ponto 2 será colado a seu oposto, o ponto 3. O que resulta disso? Queríamos colar esses pontos dois a dois, mas, dada a situação deles no mesmo nível sobre a borda, na hora da colagem os quatro se confundem num único ponto da linha de sutura (*fig.19*).

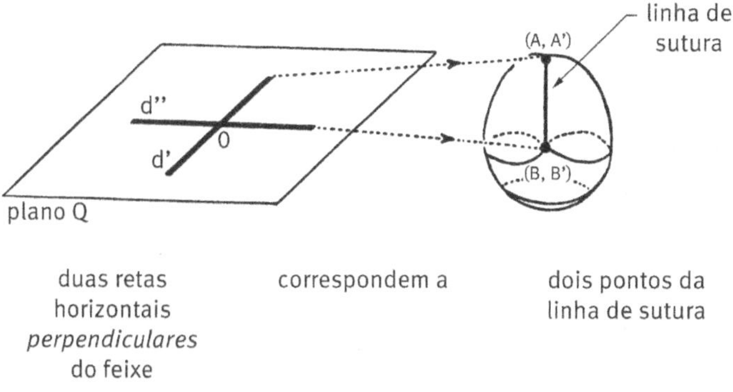

FIGURA 18. Aqui a bijeção se verifica: a cada reta um ponto.

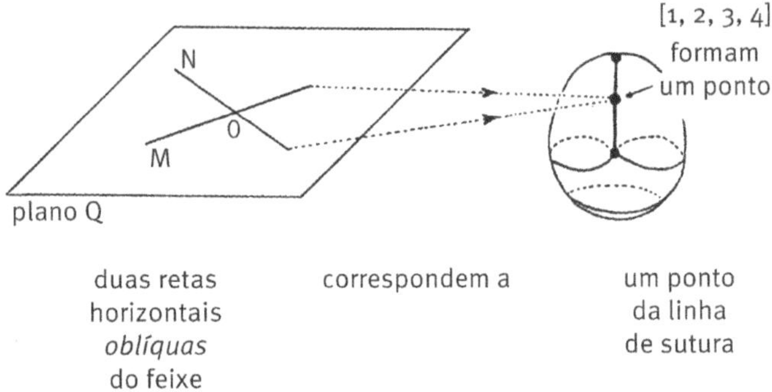

FIGURA 19. Aqui a bijeção não se verifica: duas retas para um ponto.

Agora que a borda dobrada em quatro está colada, temos uma visão melhor da sutura do que aquela do hemisfério mal colado; ela se mostra num espaço de três dimensões como uma simples linha vertical ordinária. O que foi feito, contudo, da bijeção que estávamos perseguindo entre as retas do feixe e os pontos da borda do hemisfério, isto é, os pontos da linha de sutura? Pois bem, ainda não a obtivemos. Antes da colagem, nosso problema era que tínhamos uma reta horizontal do feixe para dois pontos da borda do hemisfério. Agora que colamos os quatro segmentos da borda dobrada do hemisfério percebemos que nosso objetivo de ter um ponto para uma reta e conseguir, assim, a bijeção foi efetivamente alcançado para as retas horizontais perpendiculares d' e d" em relação aos pontos das extremidades da linha da sutura (AA') e (BB'). Mas nosso objetivo não foi alcançado para todas as outras retas horizontais oblíquas N e M em relação aos pontos intermediários da linha, como 1, 2, 3, 4. Constatamos, pois, que em vez de ter uma reta para um ponto, *temos duas retas para um ponto*. Isso não é bom! Por quê? Porque esses quatro pontos, 1, 2, 3, 4, vão, no momento da colagem, se tornar um só. Dado que esses quatro pontos estão em correspondência com duas retas horizontais oblíquas do feixe, ou seja, 1 e 4 em correspondência com a reta M, e 2 e 3 em correspondência com a reta N, concluímos que essas duas retas terão por referente apenas um ponto. Portanto, a bijeção não se verifica. Para realizar efetivamente a bijeção, teria sido preciso ficar numa simples relação de um elemento para um elemento, de uma reta para um ponto. É o que efetivamente ocorre com as duas retas horizontais perpendiculares d' e d", pois a cada uma corresponde um ponto e um só ponto situado em cada extremidade da linha da sutura: para uma reta, um ponto. Em contraposição, as retas horizontais *oblíquas* do feixe como M e N têm, ambas, o mesmo ponto como correspondente: para duas retas, um ponto.

Se retomarmos o começo de nossa demonstração, quando concluímos pela equivalência entre uma reta qualquer do feixe e um ponto no infinito do plano projetivo, podemos, agora, dizer o seguinte:

- como o ponto da extremidade superior e o ponto da extremidade inferior da linha da sutura equivalem cada qual a uma reta do feixe, eles também equivalem cada qual a um ponto no infinito do plano projetivo. Concretamente falando, *os dois pontos superior e inferior da linha de sutura representam dois pontos no infinito.* A bijeção se verifica;

- como qualquer ponto intermediário da linha da sutura equivale a *duas* retas do feixe, ele também equivale a dois pontos no infinito do plano projetivo. Concretamente falando, *todo ponto intermediário da linha da sutura representa dois pontos no infinito do plano projetivo.* Portanto, a bijeção não se verifica.

b) Interpretação da linha de sutura num espaço de três dimensões

O que a linha de sutura evoca? Vemos um traço preto vertical ali onde conseguimos colar os quatro segmentos da borda dobrada, e como acabamos de demonstrar, a bijeção não se verifica. Olhando bem para o traço, o leitor pode extrair duas interpretações sucessivas ligadas ao fato de que ele vive num espaço tridimensional. Em primeiro lugar, e muito simplesmente, ele pode pensar que a linha é o lugar de encontro convergente das quatro faces do hemisfério. Em seguida, dada a colagem cruzada, duas a duas, dessas quatro faces, a linha é a marca da interseção das duas folhas resultantes da sutura: uma estriada e outra pigmentada (*fig.21*). Mas como essas folhas na verdade nada mais são do que as duas extremidades de uma única e mesma superfície, sua interseção deve se chamar autointerseção.

Com efeito, no nível da linha da sutura, a esfera provida de um *cross-cap* penetra a si mesma ou se autopenetra.

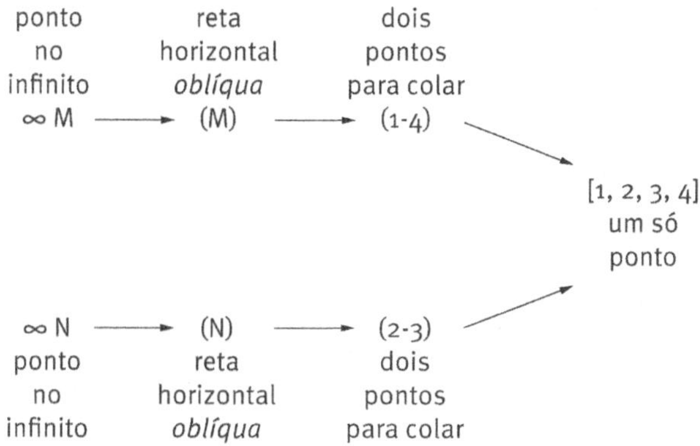

FIGURA 20. Esquema geral das correspondências que mostra que a bijeção não se verifica: a dois pontos no infinito corresponde um só ponto, portanto, não há bijeção.

Sempre em três dimensões, essa linha da sutura ou linha de autointerseção faz dessa superfície uma superfície fechada com um dentro e um fora e, consequentemente, com um lado interno e um lado externo. Essa superfície com dois lados é, portanto, bilátera.

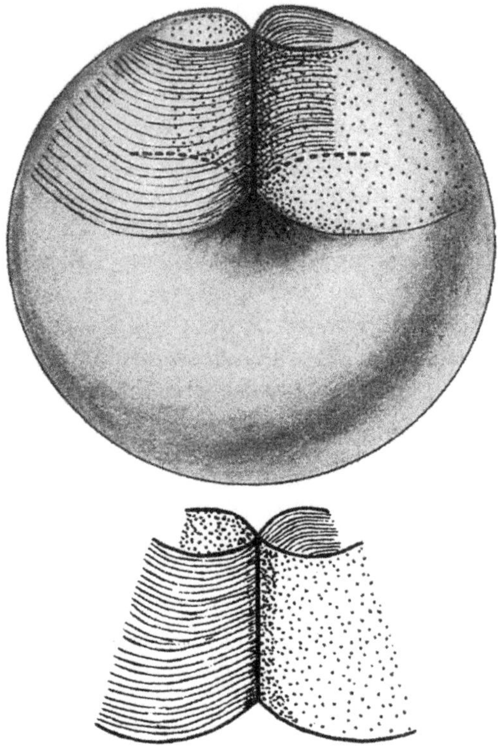

FIGURA 21. Interseção das duas folhas ou autointerseção da superfície.

* *
*

Pensar o objeto *a* com o *cross-cap*

> *"Tornar visível o que não é visível fazendo o olho sofrer."*
>
> Paul Klee

Liminar

Até agora trabalhamos apenas em três dimensões. Operamos a imersão de uma superfície abstrata, o plano projetivo, no espaço ambiente euclidiano e obtivemos uma superfície concreta não regular: a esfera provida de um *cross-cap*. A não regularidade da superfície concreta, lembremos, está localizada precisamente na linha de sutura que pinça a parte superior de nosso balão (cf. capítulo anterior, *fig.17*). Convém insistir no fato de que essa superfície imperfeita é um objeto de duas dimensões resultante da imersão de uma outra superfície igualmente de duas dimensões, mas abstrata (plano projetivo), no espaço ambiente de três dimensões. Terminamos o capítulo anterior com uma leitura tridimensional do *cross-cap* sem ver nada além do que se apresentou a nós de maneira evidente. Essa leitura, até certo ponto limitada, mostrou-o como uma superfície fechada e bilátera, ou seja, com dois lados, um interno e outro externo. Ora, o *cross-cap* que interessa à psicanálise é decerto este que acabamos de construir, mas pensado de forma abstrata. Temos de *ver* a esfera munida de um *cross-cap* com seu defeito da linha e seus dois lados, *pensando-a* ao mesmo tempo sem esse defeito e com um único lado. O que queremos dizer com isso? Que ali onde, em três dimensões, vemos as duas folhas se cruzarem no nível da linha da sutura (cf. capítulo anterior, *fig.21*), devemos fazer o esforço mental de aceitar, a despeito das aparências, que essas folhas não se cruzam.

É impossível representar em três dimensões, com um desenho, um *cross-cap* que não mostre a interseção das duas folhas. Temos, na verdade, dois tipos de *cross-cap*: aquele que construímos pacientemente com seu defeito da linha, superfície bilátera e tal que se dá à nossa vista; e um outro *cross-cap* unilátero, engendrado puramente por regras algébricas, sem o defeito da linha e que não vemos. Por que o defeito da linha só aparece no caso do *cross-cap* visível? Porque esse defeito é inerente às exigências próprias de uma construção que tivemos de realizar em três dimensões. O defeito da linha é um defeito normal se quisermos ficar em nosso espaço de três dimensões e obter uma representação visual do plano projetivo.

Assim, quando imergimos o plano projetivo em um espaço tridimensional, conseguimos uma representação visível que é nossa esfera munida de um *cross-cap*, mas não obtemos a bijeção. Se, ao contrário, abandonamos o espaço de três dimensões por uma elaboração estritamente algébrica, obtemos um objeto teórico sem defeito, mas perdemos a possibilidade de uma representação visível. Em suma, o *cross-cap* visível não é equivalente ao plano projetivo, ao passo que o *cross-cap* abstrato, ou seja, teoricamente engendrado e sem impureza, lhe é equivalente.

Em termos esquemáticos, a articulação entre o plano projetivo e as duas esferas munidas de um *cross-cap*, uma concreta, imersa no nosso espaço comum de três dimensões, a outra abstrata, pode ser apresentada assim:

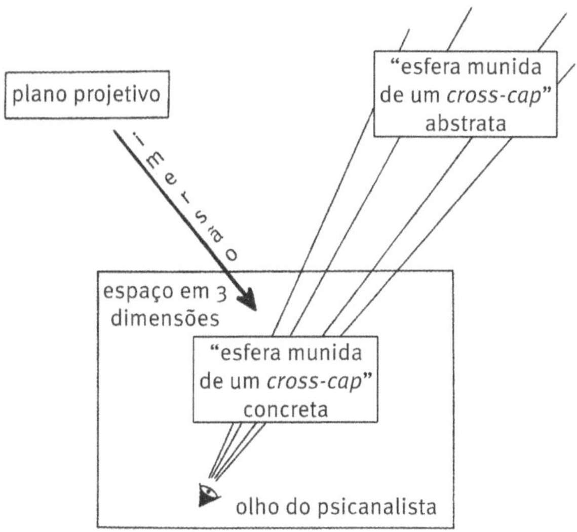

FIGURA 1. O olho do psicanalista que olha o *cross-cap* concreto como se fosse abstrato.

Dispomos, pois, de dois tipos de *cross-cap*: um concreto, com defeito; outro abstrato, sem defeito. Veremos que o *cross-cap* de que Lacan fala e com o qual o psicanalista pensa alguns problemas ligados à sua prática não é nem um nem outro, porém os dois ao mesmo tempo. O *cross-cap* que nos interessa é certamente aquele que vemos, mas ao qual atribuímos as propriedades de um outro que não vemos. Por exemplo, percebemos nitidamente a linha de autointerseção das duas folhas pinçando a parte superior de nosso balão e, no entanto, devemos fazer de conta que essa linha não existe. Examinaremos mais adiante como outra característica do *cross-cap*, a de ser uma superfície divisível por um corte, também só será apreendida mediante esse esforço de abstração.

Notemos que essa abordagem que trata as coisas concretas como se fossem abstratas, o *cross-cap* concreto como se fosse o *cross-cap* abstrato, lembra o modo como, segundo Freud, funciona o pensamento dos esquizofrênicos. Escreve Freud:

> Quando pensamos abstratamente, corremos o risco de desconsiderar as relações entre as palavras e as representações de coisas inconscientes, e é inegável que nossa filosofia adquire, na sua expressão e no seu conteúdo, uma indesejável semelhança com a modalidade de operação dos esquizofrênicos ... pode-se tentar caracterizar o modo de pensamento dos esquizofrênicos dizendo que eles tratam as coisas concretas como se elas fossem abstratas.[1]

*

Prosseguindo com essa abordagem de um *cross-cap* concreto ao qual atribuímos qualidades abstratas, abrem-se então três problemáticas no campo da psicanálise: a relação *dentro/fora*; o *corte* e o que ele significa enquanto linha que separa e reúne duas partes heterogêneas; e, por fim, a problemática muito específica de uma dessas partes recortadas que Lacan identifica com o *objeto a*. Em termos práticos, o *cross-cap* materializa, ou melhor, pensa materialmente três conceitos psicanalíticos: a indistinção dentro/fora, o corte entre o sujeito dividido do inconsciente e o objeto *a* e, por fim, as propriedades particulares desse objeto. O elemento comum a esses três conceitos é o de falo ou de significante fálico, figurado no *cross-cap* justamente por um ponto singular dessa linha dita de autointerseção.*

*

1. Dentro/fora

Estabelecemos que a esfera munida de um *cross-cap* na sua versão concreta e visível é uma superfície fechada com um interior e um exterior. É exatamente isso o que nos mostra a figura 17. Notemos que "fechada" é o nome dado a uma superfície que não tem borda. O toro (câmara de ar) tam-

---

* Ao final do livro, na seção *Referências bibliográficas...*, recapitulamos os vários textos e seminários de J. Lacan nos quais ele trata dessas três problemáticas psicanalíticas do *cross-cap*.

bém é um exemplo de superfície que, por não ter borda, é fechada e seu interior não se confunde com o exterior. Com efeito, se pintarmos o lado externo do toro, seu lado interno permanecerá virgem, a menos que para pintá-lo abramos o toro com uma tesoura. Num espaço de três dimensões, o toro e nossa esfera munida de um *cross-cap* na sua versão concreta são, ambos, superfícies fechadas e biláteras, isto é, possuem dois lados, um voltado para fora e outro para dentro. Ora, diferentemente do toro, a esfera munida de um *cross-cap* possui a anomalia particular que chamamos de linha da sutura e que podemos, agora, denominar linha de autointerseção. *Auto*interseção na medida em que as duas folhas que se cruzam, pertencentes à mesma superfície, podem ser consideradas um corpo que entra em contato consigo mesmo. Alguns textos de topologia também chamam essa linha de linha de autocontato ou de autocruzamento. Insistamos uma vez mais: essa linha é verdadeira no *cross-cap* concreto e falsa no *cross-cap* abstrato.

Veremos que, conforme o modo de considerar essa linha, atribuiremos ao *cross-cap* ou a propriedade de ser uma superfície bilátera, ou a de ser uma superfície unilátera.[2] Expliquemos. Se tomarmos a linha como o lugar onde as duas folhas se encontram (cf. capítulo anterior, *fig.21*), diremos que o *cross-cap* é fechado e que tem dois lados que permanecem distintos e sem continuidade entre um e outro: o interior está separado do exterior e a superfície é bilátera. Se, ao contrário, atribuirmos a esse mesmo *cross-cap* concreto a propriedade teórica de não ter linha de autointerseção, postulando o princípio de que as duas folhas não se cruzam, diremos então que ele tem apenas um único e mesmo lado que pode ser totalmente percorrido sem descontinuidade: o interior não está separado do exterior e a superfície é, portanto, unilátera. Nesse último caso, afirmaremos que não existe nenhuma fronteira entre o suposto interior e o suposto exterior da superfície. Em suma: com a condição de que lhe seja reconhecida uma propriedade estritamente *teórica*, o *cross-cap* não tem nem um dentro nem um fora. Portanto, a particularidade do *cross-cap* de não possuir nem interior nem exterior não pode ser apreendida diretamente pelos olhos; é preciso fazer um esforço de abstração tal que, ao olharmos a linha que pinça nosso balão, possamos pensá-la como não estando ali ou simplesmente como inexistente.

> Como se vê, o *cross-cap* que interessa à psicanálise não é aquele, concreto, que construímos em três dimensões, nem aquele, abstrato, existente em fórmulas algébricas, mas a conjunção de ambos.

Para entender essa propriedade teórica de um *cross-cap* que não teria nem dentro nem fora, retomemos o exemplo da formiga percorrendo a superfície e que nunca encontra a tal linha de autointerseção. Se a formiga parte de um ponto do lado exterior e anterior do lobo direito do *cross-*

cap para se dirigir ao lugar dito da linha, ela se surpreenderá ao chegar ao lado interior e posterior do lobo esquerdo sem ter cruzado nenhum limite ou fronteira. Ou seja, ela passou de um suposto exterior para um suposto interior sem encontrar nenhum obstáculo. O obstáculo que poderia ter encontrado, se estivéssemos numa abordagem concreta tridimensional e tão somente tridimensional do *cross-cap*, seria, por exemplo, uma outra formiga realizando um percurso simétrico que, por sua vez, teria começado no lado exterior e anterior do lobo esquerdo e que teria finalizado no lado interior e posterior do lobo direito. Em síntese, para reconhecer a propriedade teórica que torna o *cross-cap* sem dentro nem fora, é preciso aplicar a regra que enunciaria: duas formigas que passassem simetricamente ao mesmo tempo e no mesmo lugar não se encontrariam, uma não podendo, pois, fazer obstáculo à outra.

Notemos que essa propriedade teórica de unilateralidade do *cross-cap* coincide com a unilateralidade da famosa banda de Moebius. Com efeito, ao percorrer essa banda, fica-se sempre num único e mesmo lado. Dito isso, a unilateralidade no caso do *cross-cap* é bem mais interessante do que no caso da banda de Moebius, pois esta é uma superfície aberta, ao passo que o *cross-cap* é uma superfície fechada; é bem mais curioso e interessante pensar a unilateralidade num balão fechado do que numa fita aberta. Por quê? Porque se admitirmos – sob um determinado ângulo teórico, lembremos – que os supostos dois lados de um corpo volumoso fechado fazem um lado só, também será preciso aceitar imediatamente que a dita ordem interna do corpo está em perfeita continuidade com o dito meio ambiente. O corpo é fechado e, no entanto, o meio que o envolve está dentro dele. Ou, inversamente, o meio envolve um corpo fechado do qual, contudo, ele é o núcleo mais íntimo.

Subverter a fronteira dentro/fora: é isso que o *cross-cap* ensina para a psicanálise, e é *com* isso que a psicanálise pensa o espaço. Existem três maneiras de tratar a fronteira dentro/fora. A maneira intuitiva a reconhece como uma divisória ou uma pele que separa o fora do dentro de um corpo fechado. A maneira topológica – *cross-cap* abstrato – a considera diretamente como uma fronteira inexistente, já que o dentro está em continuidade com o fora; nesse caso, é claro, as palavras "dentro" e "fora" já não têm razão de ser, uma vez que deixam de estar em oposição para estar em continuidade. E, enfim, a maneira "psicanalítica", sem deixar de considerar a fronteira como inexistente, mantém, contudo, o emprego desses dois termos, dentro (interior) e fora (exterior), mas invertendo completamente seu sentido comum. A utilização psicanalítica de expressões como "fora", "exterior", "dentro" e "interior", em relação a certos problemas muito precisos, condensa, finalmente, três tempos de um procedimento mental: reconhecer primeiramente que o dentro não é o fora, em seguida anular essa oposição e restaurar, por fim, essas mesmas expressões subvertendo radicalmente seu sentido inicial. Em termos concretos, é muito mais rico pensar em "dentro" e "fora" subvertendo a relação entre eles do que simplesmente afirmar a sua inexistência. Por exemplo, a relação entre a psicanálise em intensão e a psicanálise em extensão só adquire seu verdadeiro alcance quando se emprega o par "interior/exterior" de maneira subvertida.

É preciso identificar o horizonte mais longínquo da extensão do campo analítico na borda do furo mais interno da experiência analítica.[3] Mas o principal problema psicanalítico para o qual é absolutamente indispensável distorcer a divisão dentro/fora é o da relação do sujeito com as duas instâncias psíquicas fundamentais que são o inconsciente e o gozo. Falamos precisamente disso em *Os olhos de Laura*, no capítulo dedicado às formações do objeto *a*.[4] Recordemos, aqui, o essencial: o inconsciente e o gozo são exteriores ao sujeito que, através do acontecimento de um dito ou de um fazer, os atualiza. Basta um dito ou um fazer para reconhecer que, naquele momento – e somente naquele momento, o do acontecimento –, o inconsciente e o gozo se mostram no espaço suposto fora do sujeito portador daquele dito ou daquele fazer. Toda a dificuldade está nisto: chegar a conceber o gozo e o inconsciente como instâncias externas, parasitas e que envolvem o sujeito quando um acontecimento ocorre no tratamento. Em outras palavras, é com o *cross-cap* que pensamos essa figura inaudita de um psiquismo exterior ao sujeito quando, em princípio, ele constitui sua instância mais íntima.

*

2. O corte lacaniano do "oito interior"

> *"Aquele [o psicanalista] que sabe abrir da maneira correta, com um par de tesouras, o objeto* a*, este é o mestre do desejo."*
>
> J. Lacan

A outra propriedade do *cross-cap* que nos interessa revela-se no ato do recorte. Todos os mistos de nossa topologeria, particularmente a superfície esférica provida de um *cross-cap*, só demonstram sua potência de matema psicanalítico, ou seja, sua potência de meio de transmissão, com a condição de sofrerem certo tipo de corte. Nossas superfícies só se atualizam pelo recorte e só existem mediante as bordas que a tesoura confirma ou cria.[5]

Esclareçamos desde já que os cortes de que trataremos a seguir devem certamente ser imaginados como seções feitas com tesoura no *cross-cap* chamado "concreto", mas desde que se respeite a seguinte regra teórica: quando a tesoura encontrar a chamada linha de autointerseção, será preciso fazer de conta que essa linha não existe, como se o *cross-cap* que vamos recortar não tivesse espessura nem linha em que ele estivesse em contato consigo mesmo. Por conseguinte, se fixarmos essa regra, teremos de aceitar que recortaremos com uma tesoura concreta um *cross-cap* concreto, mas seguindo um traçado teórico.

Os cortes praticados sobre a esfera munida de um *cross-cap* que nos interessam são simples curvas fechadas chamadas curvas de Jordan. Eles podem ser de dois tipos: os que separam a superfície em dois pedaços e os que a deixam contínua. Os que realmente nos importam são os primeiros e, em particular, aquele de que Lacan fez uso para explicar a lógica da repetição significante e seus efeitos, chamado "corte do oito interior" (*fig.2*).

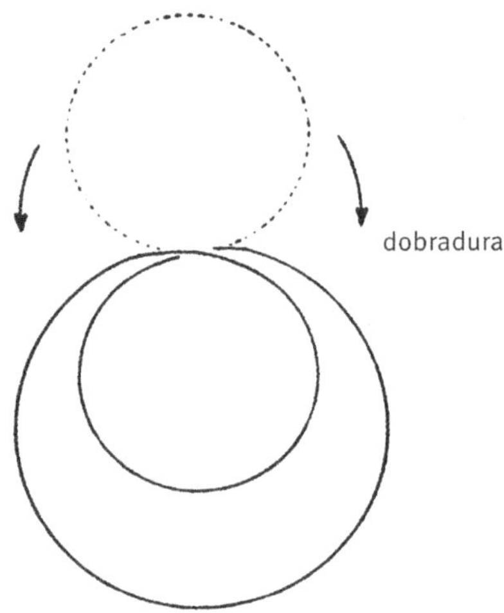

FIGURA 2. Oito interior ou oito dobrado.

A expressão "oito interior" ou "oito invertido" é inapropriada, pois não indica claramente a qual deformação da figura do número "oito" ela se refere. Trata-se, na verdade, de uma simples dobradura ou rebatimento: o laço superior do oito é dobrado para dentro do laço inferior. Caso quiséssemos rebatizar esse "oito", nós o chamaríamos "oito dobrado". Notemos que os dois laços se sobrepõem, mas não se tocam em um ponto que seria comum a ambos.

O corte do oito interior divide nosso *cross-cap* em dois: uma superfície não orientável – a banda de Moebius – identificada com o sujeito do inconsciente, e uma superfície orientável – um disco – identificada com o objeto *a*. Acrescentemos, ademais, que a diferença entre os cortes que separam a superfície em dois pedaços e aqueles que não a separam reside no fato de que os cortes separadores atravessam a linha de autointerseção num número *par* de vezes, ao passo que os não separadores só a atravessam num número ímpar de vezes. Como veremos, o oito interior atravessa *duas vezes* a tal linha. Decompondo a superfície em duas partes absolutamente heterogêneas, o oito interior confirma em ato que essas partes, apesar de heterogêneas, nem por isso deixavam de compor essa única peça que é a esfera munida de um *cross-cap*. Em outras palavras, é preciso cortar o *cross-cap* para constatar que a porção orientável e a porção não orientável resultantes, ou seja, o objeto *a* e o sujeito do inconsciente, puderam coexistir, e em continuidade, numa superfície ininterrupta.

Por que, contudo, escolher esse traçado em forma de oito interior para dividir o *cross-cap* sabendo que com outras seções fechadas dotadas de outro contorno, e que também atravessam a linha de autointerseção um número par de vezes, obtemos uma separação idêntica?[6] Isso se deve ao fato de que o traçado em forma de dois laços do chamado corte do oito interior materializa como nenhum outro os diferentes momentos da repetição do significante.

A importância na teoria lacaniana desse traçado em forma de dois laços, um englobando o outro, vai além da problemática do *cross-cap*. Independentemente dos contextos teóricos em que ele intervém, o oito interior responde a uma articulação precisa: em todos os casos, suporta a função do dito em sua relação com o sujeito. Existe uma palavra para designar essa relação fundamental: repetição. O oito interior ou oito dobrado representa graficamente a lógica da repetição dos significantes e seu efeito de sujeito. Assim, quando fazemos uma incisão no *cross-cap* mediante um corte desse tipo, fazemos mais do que materializar a incidência das palavras (não quaisquer) sobre uma superfície preexistente a elas – nós inscrevemos no real o efeito que essas palavras provocam uma vez ditas. Expliquemos. Tomemos o oito dobrado, *pensemos com ele* a repetição, apliquemo-lo à nossa superfície esferoide, verifiquemos que ele atravessa duas vezes a linha de autointerseção e reconheçamos os efeitos produzidos como sendo os efeitos da repetição.

Em termos concretos, o corte da repetição em forma de oito dobrado comporta três aspectos: a disposição da curva em dois laços, seu fechamento final e seus efeitos, que podem ser notados na transformação do *cross-cap*. Comecemos descrevendo os dois laços. A unidade mínima do movimento repetitivo está dada por um vetor de orientação progressiva e outro de orientação retroativa.[7] O vetor progressivo $\overset{\frown}{AB}$ mostra os dois estados de um acontecimento – antes de se repetir: em A; e quando ele se repete: em B. Ora, nada nos autoriza a falar de repetição se não introduzirmos um terceiro elemento trivial, mas decisivo: o simples fato de contar. Se não contamos um antes e um depois, ou melhor, uma primeira, uma segunda e uma enésima vez, jamais haverá repetição. Em outras palavras, o estado do acontecimento antes de ser repetido se torna o estado repetido com a condição de haver uma contagem e alguém que conte, entendendo-se que essa contagem só se verifica uma vez cumprida a repetição em B. Antes da repetição, e por conseguinte antes de contar, A não existia; A só será primeiro se um segundo, B, o repetir. Devemos, portanto, traçar o vetor $\widehat{BA}$ de orientação retroativa e, dessa forma, significar que B consagra A como acontecimento original. Esse primeiro laço esquematiza simplesmente o movimento que conhecemos pelo termo "só-depois" [*après-coup*]. O A só se torna primeiro *a posteriori*, depois de termos contado B como sua repetição.

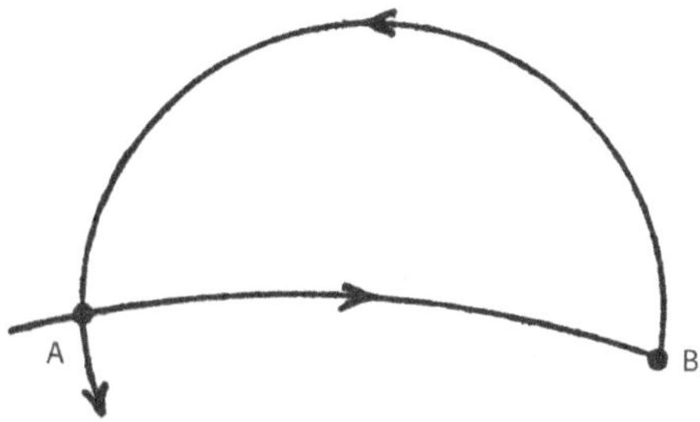

FIGURA 3. Esquema do só-depois [*après-coup*].

O laço grande englobando o pequeno representa a própria operação de contar ou, mais precisamente, o elemento que torna possível o cálculo, qual seja, o traço de escrita. Contudo, esse elemento – o traço de escrito –, indispensável para a constituição de uma série de números, não é, ele mesmo, redutível a um número. Ele se situa fora da série ou, se quiserem, fora da sucessão repetitiva. É na qualidade de elemento exterior que ele leva o nome dado por Lacan de "Um a mais".

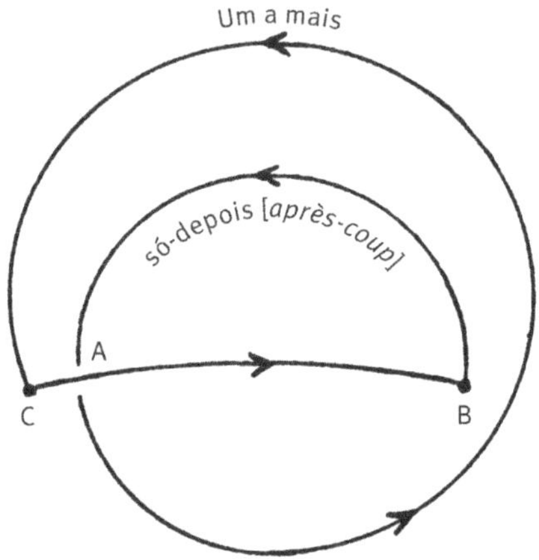

FIGURA 4. Traçado do oito interior.

Dissemos que no horizonte da conta há sempre alguém que conta e calcula. Mas conta e calcula sem poder contar a si próprio. A radical impotência do ser que fala e goza é a de não poder se reconhecer nas sucessivas repetições. O sujeito conta, mas não se conta, ou melhor, é contado como um sujeito a menos. A volta final dessa dupla curva que tem a forma de um oito interior significa que a repetição se realizou e dá lugar ao nascimento de um sujeito novo que acabamos de qualificar de sujeito a menos. O ponto C da figura 4 marca, portanto, três aspectos: o encerramento do movimento de repetição, o encerramento da operação de contagem e o surgimento de um sujeito novo.

Se, agora, seguindo o movimento e a orientação dessa curva do oito interior, fizermos uma incisão na esfera munida de um *cross-cap* (*fig.5*), obteremos no final do corte duas superfícies: uma equivalente à banda de Moebius, que Lacan identifica com esse sujeito novo, e a outra equivalente a um disco, identificado com o objeto *a*. Em síntese, recortar o *cross-cap* com uma tesoura que siga o traçado do oito interior constitui o gesto que materializa espacialmente o fato de que a repetição produz um sujeito e deixa cair um resíduo.

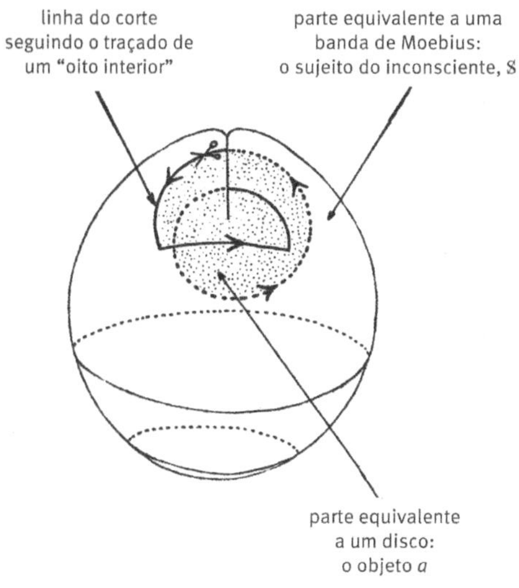

FIGURA 5. Recorte de uma esfera munida de um *cross-cap* seguindo o traçado de um oito interior.

Notemos duas coisas, uma relativa aos detalhes do recorte da superfície, a outra relativa aos efeitos produzidos. Remetamo-nos à figura 5 e olhemos o trajeto da tesoura. A tesoura significante inicia seu percurso num ponto da linha de autointerseção para retornar a um nível ligeiramente mais baixo dessa mesma linha, depois de ter feito uma incisão no lado anterior do balão seguindo o traçado de uma volta. Tendo chegado nesse segundo nível da linha, ela continua seu recorte (representado no desenho por um vetor pontilhado), mas dessa vez no lado posterior. Finalmente, ela reencontrará a linha no mesmo ponto em que começou seu trajeto. Nesse momento preciso em que o laço se fecha, a superfície se separa em dois pedaços.

Vejamos agora essas duas partes recortadas. Para entender bem a natureza delas, é preciso – mais uma vez – evitar o erro de confundir o *cross-cap* concreto com o *cross-cap* abstrato. Portanto, sejamos claros. O entalhe efetivo com uma tesoura metálica de uma superfície espessa (nosso balão, por exemplo, mas realizado em gesso) é apenas a alegoria ou a exibição espaçotemporal de um corte teórico traçado sobre uma superfície sem espessura nem linha, nem pontos, onde ela entraria em contato consigo mesma (essa última superfície abstrata não tem, portanto, linha de autointerseção).

Se respeitarmos essa distinção concreto/abstrato no tocante ao corte, não teremos qualquer dificuldade de respeitá-la também quanto aos produtos do corte. Com efeito, cada um dos dois pedaços destacados depois do entalhe espaçotemporal de um balão *cross-cap* de gesso traz consigo a porção da linha de autointerseção que o pinçava originalmente quando ele fazia parte da superfície global. Cada um dos dois pedaços traz, portanto, o traço da anomalia que constitui a autointerseção. Ora, trata-se de olhar para esses dois pedaços fazendo novamente abstração dessas porções de linha onde cada um deles entraria em contato consigo mesmo. Desde que sejam pensados sem essa linha de autocontato, eles poderão legitimamente ser considerados equivalentes, um a uma banda não orientável, o outro a um disco orientável. Ainda através dessa grade teórica, notemos que a esfera munida de um *cross-cap* é globalmente uma superfície não orientável. Do ponto de vista topológico, na coexistência contínua do orientável com o não orientável numa única superfície, é o não orientável que imprime sua marca, é a banda que prima sobre o disco. Se nos limitássemos a simplesmente olhar sem qualquer *a priori* topológico o balão *cross-cap*, seria, ao contrário, o orientável, isto é, a esfericidade que prevaleceria. A nosso ver, Lacan sustenta esse contraste entre o *cross-cap* abstrato e o *cross-cap* concreto ao falar da *asfera*[8] para designar o caráter abstrato de uma superfície que a banda de Moebius tornou não orientável; e da *inflada*[9] [*gonfle*] para designar o aspecto esferoide e fechado do *cross-cap* concreto. É claro que a asfera se mostrará asfera para nós só-depois [*après-coup*], ou seja, depois que constatarmos que na inflada estava contida a banda de Moebius, depois de ter havido o corte e que o pedaço equivalente à banda se destacou. É preciso cortar a inflada, destacar dela o pedaço equivalente à banda e reconhecer, então, e somente então, que a inflada concreta que vemos em três dimensões representava uma asfera em quatro dimensões. É preciso cortar para se dar conta da estrutura. Para que a inflada – *cross-cap* concreto – se torne asfera – *cross-cap* abstrato – é preciso haver um corte separador que destaque uma banda de Moebius e que mostre que a superfície da inflada era uma superfície dominada pelo caráter não orientável dessa banda.[10]

Dos dois pedaços disjuntos produzidos pelo corte, já examinamos o caso da banda de Moebius e sua relação com o sujeito do inconsciente.[11] Resta-nos considerar o outro pedaço orientável – onde Lacan situa o objeto *a*.

3. Pensar o objeto *a* com o disco

Consideremos agora uma propriedade particular dessa parte central do balão *cross-cap* (desenhada em pontilhado na figura 5) que o corte do oito interior acaba de enuclear. À primeira vista, esse pedaço destacado tem a forma de um caracol marinho e é marcado por uma pequena parte da linha de autointerseção. Essa superfície parece seguir um movimento em espiral ascendente ao modo, podemos dizer, de um pequeno estacionamento circular com duas plataformas (*fig.6*).

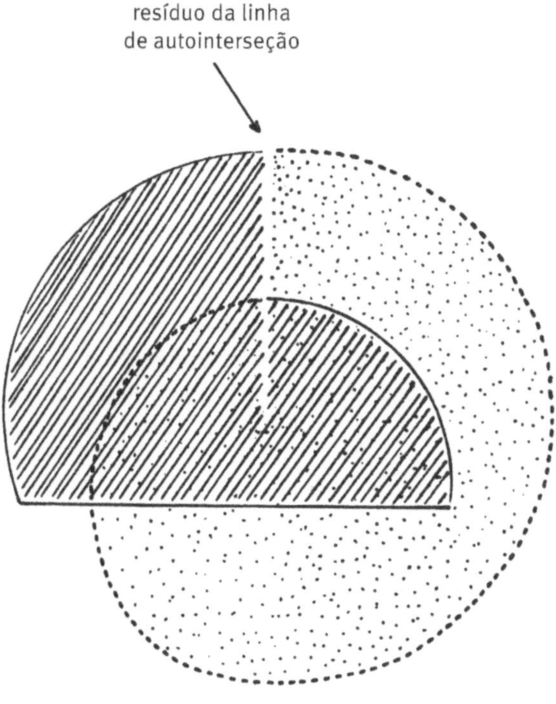

FIGURA 6. Superfície em caracol marinho materializando o objeto *a*.

Porém, lembremos uma vez mais que se considerarmos esse mesmo pedaço do ponto de vista teórico, ele não terá nenhum resíduo da linha de autointerseção e, por conseguinte, tampouco terá a forma de um caracol; ele só tem essa forma em três dimensões. Desse ponto de vista teórico, no qual já nos situamos várias vezes, a superfície em caracol marinho equivale, e somente equivale, a um disco orientável. Contudo, o que levou Lacan a identificar esse disco com o objeto *a* não foi somente a sua natureza orientável com valor de contraste em relação à banda não orientável que materializa o sujeito do inconsciente. Ele possui outras duas características igualmente importantes.

a) O caracol marinho e o ponto fálico

Para começar, assim como o disco orientável cai depois do corte levando consigo o resíduo da linha de autointerseção, o objeto *a* cai marcado pelo traço da função fálica. Lacan confere grande importância não tanto à pequena parte da linha de interseção que marca o caracol, mas ao ponto singular em que essa porção de linha termina. Esse ponto, que às vezes é também um furo ou então um ponto-furo, é, segundo Lacan, o organizador que dá consistência a essa superfície que é a esfera provida de um *cross-cap*, e o ponto em torno do qual giram os dois laços do corte do oito interior. Seu papel é tal que permite especificar as duas partes separadas por esse corte: um – o caracol marinho – conservará o ponto em seu interior, ao passo que o outro – a banda de Moebius – não o terá. Porém, o que significa, em psicanálise, realçar o valor desse ponto singular situado na extremidade inferior da linha de autointerseção? Dizemos assim na psicanálise porque, em termos topológicos, esse ponto de que Lacan fala não é mais privilegiado que o outro ponto singular situado na extremidade superior da linha. Portanto, do ângulo estritamente topológico, esse ponto não merece ser realçado. Mais que isso, esses dois pontos privilegiados, um em cima e o outro embaixo dessa linha, só existem porque a linha de autointerseção existe, ou seja, existe em três dimensões. Fora de nosso espaço usual, no *cross-cap* abstrato, não há nem linha nem ponto privilegiado.

Assinalado isto, tentemos agora compreender o valor psicanalítico do ponto singular que está no centro da superfície – *cross-cap* concreto – e do caracol quando ele foi enucleado pelo corte. Esse ponto central representa o significante fálico oriundo da experiência de castração entendida como a transformação num significante desse órgão particular que é o pênis. Lacan teria enunciado: o falo é o que resulta da elevação do pênis à dignidade de significante. Mas significante de quê? Já que o desejo que põe em jogo o órgão peniano é justamente o desejo sexual ou, mais precisamente, o desejo do Outro, o falo será o significante desse desejo. Esse processo de transformação que a psicanálise chama de castração constitui a matriz segundo a qual vão se separar todas as outras partes do corpo, mesmo que nenhuma delas chegue, como o pênis, a virar significante. Em suma, falar de significante fálico equivale a afirmar a primazia da castração e, correlativamente, do desejo do Outro que lhe é implícito, sobre qualquer outra experiência de separação. Eis, em termos breves, a premissa que era importante relembrar para justificar nosso interesse pelo fato de que o ponto terminal da linha marca com seu selo o pedaço enucleado chamado caracol marinho com o qual pensamos o objeto *a*. Por isso o falo marca com sua significação o objeto *a*, para promovê-lo a objeto do desejo.

b) O objeto a *se reduz a um ponto*

A outra propriedade notável que leva a assimilar o objeto *a* ao caracol marinho ou disco consiste na sua capacidade de deformação. Para maior clareza, passaremos a chamar de "disco" o que até agora chamamos de caracol marinho. Entre as deformações possíveis do disco, há duas que devem ser retidas: uma ligada ao espelho e outra intrínseca à própria natureza do disco. Comecemos pela última. Podemos deformar esse disco até reduzi-lo a um ponto e, assim encolhido, relocalizá-lo ao lado da banda de Moebius. Com efeito, se quisermos colar mentalmente de novo a banda com o disco que agora se tornou puntiforme, isto é, se suplementarmos a banda com um ponto, chegaremos à curiosa conjuntura em que a banda de Moebius se apoia num ponto e em torno dele se desenrola. Caso seja preciso imaginar essa colagem abstrata, conceberemos então a banda ligada a um ponto externo por intermédio de um leque de retas que encontram esse ponto em cada um dos pontos da borda da banda. Precisemos que esse ponto suplementar é não só externo à banda, como também externo ao espaço usual, como se esse ponto fosse um ponto de fuga evanescente pelo qual a banda seria aspirada para a quarta dimensão.[12] Lacan fez uso dessa propriedade de deformação puntiforme do disco para mostrar que, com efeito, o sujeito do inconsciente só se apoia sobre seu objeto – o objeto *a* – que se tornou um ponto excêntrico e evanescente. Se quisermos marcar a diferença entre a relação do eu com o mundo e a relação do sujeito do inconsciente com o mundo, concluiremos que o mundo egoico é esférico e concêntrico, ao passo que o mundo do sujeito dividido é pontual e excêntrico. Lembremos sucintamente o modo como Lacan trata, em seu texto "O aturdito", essa relação da banda com o disco.

- A banda de Moebius é composta por uma família de linhas, cada linha sendo composta, por sua vez, por pontos que têm, todos, a particularidade de ser um lugar em que o avesso é também o direito. Em todo ponto da superfície da banda verifica-se essa anomalia de um direito que se confunde com o avesso. Assim, qualquer linha da família é uma linha de pontos "torcidos" ou, como diz Lacan, uma "linha sem pontos".[13] Notemos que é possível reduzir toda a superfície da banda a uma única linha sem pontos e qualificar, então, a banda de Moebius com essa expressão de *linha sem pontos*. Notemos, ainda, que assim condensada em uma linha, a banda corresponde exatamente à linha do corte do oito interior. Donde o corolário: se a banda reduzida a uma linha equivale ao corte do oito interior, então o corte e a banda são uma única e mesma coisa.

- Quanto ao disco pontual exterior à banda e, portanto, à linha, é justificado considerá-lo, com Lacan, um *ponto fora de linha*.[14]
- Em suma, o *cross-cap* é a conjunção-disjunção de uma *linha sem pontos* com um *ponto fora de linha*.

c) O objeto a é não especular

A outra propriedade mais curiosa, em que o objeto coincide com o disco, consiste na capacidade deste último de se deformar de tal modo que faz desaparecer sua imagem no espelho. O disco pode se deformar sem rasgo nem aderências, até adotar exatamente a mesma disposição espacial que a imagem no espelho. Nesse momento, ele já não tem imagem. Imaginemos um homem de borracha diante de um espelho que tem uma mancha congênita do lado esquerdo do rosto. Imaginemos ainda que sua imagem refletida – nela, a mancha está do lado direito do rosto – fique congelada como uma fotografia. Suponhamos agora que, por uma deformação contínua, nosso homem consiga adotar a mesma disposição corporal da imagem congelada diante dele e se sobrepor a ela.[15] Para isso, primeiro ele precisa dar meia-volta sobre si mesmo, de tal modo que, de costas para o espelho, entre nele recuando. Assim incluído no espelho, continuará tendo o rosto marcado pela mancha na face esquerda, ao passo que a imagem ainda congelada continuará a ter a mancha na face direita. Para que a sobreposição de nosso homem com sua imagem seja perfeita, ele ainda tem de conseguir deformar seu rosto de borracha até fazer passar sua mancha da face esquerda para a face direita. Nesse momento, e graças a essa curiosa careta, ele corresponderá exatamente, ponto por ponto, à figura congelada de sua imagem; a mancha deslocada agora para a sua face direita corresponderá finalmente à mancha sobre a face direita da imagem refletida. À custa de uma deformação bizarra do rosto, o homem acabou se sobrepondo à sua imagem como se esta o tivesse absorvido. Diremos, então, que entre o ser e a imagem já não existe relação de alteridade ou, simplesmente, que o ser já não tem imagem. Chamamos esse ser que já não tem imagem porque está fundido com ela um ser *não especular.*

É precisamente esse resultado que Lacan obtém ao manipular o pedaço chamado disco ou caracol marinho. Na tentativa de justificar a não especularidade do objeto *a*, ele maltrata e deforma esse pedaço de superfície orientável a fim de fazê-lo coincidir com a própria imagem do espelho. No tocante à outra parte recortada do *cross-cap*, a banda de Moebius, essa operação é impossível. Pois não se pode sobrepor a banda à sua imagem refletida sem fazer um rasgo. A banda conserva a alteridade de sua imagem e, portanto, ela é especularizável. No vocabulário topológico se diz que o disco é homotópico à sua imagem (ou, em nossos termos, que o objeto *a* é não especular), ao passo que, em contraposição, a banda de Moebius não é.

A tese lacaniana que afirma a não especularidade do objeto *a* visa, pois, definir a natureza não imaginária da pulsão. A pulsão não é imagem e não tem imagem, ainda que seja através da imagem e graças a ela que a pulsão manifesta sua atividade. Nesse sentido, o objeto *a* nos evoca de forma divertida e estranha aquela mulher do filme de Roman Polanski, *A dança dos vampiros*, que de repente descobre sua metamorfose em vampiro no momento em que o espelho deixa de lhe devolver sua imagem. Tal como o vampiro da tela, o objeto *a* é uma espécie de vampiro pulsional sem imagem.

* *
*

Referências bibliográficas dos textos lacanianos sobre o cross-cap

JACQUES LACAN

Escritos. Rio de Janeiro, Zahar, 1998, p.368-9 e p.559-60n.

O Seminário, livro 11, *Os quatro conceitos fundamentais da psicanálise*. Rio de Janeiro, Zahar, 1979, p.148-9.

"O aturdito", in *Outros escritos*. Rio de Janeiro, Zahar, 2003, p.470-97.

Seminário *L'identification* (inédito).

- Recorte da esfera provida de um *cross-cap*

6 jun 1962

- Dentro/fora

16 mai 1962
23 mai 1962

- Não especularidade do objeto *a*

30 mai 1962
6 jun 1962
13 jun 1962
20 jun 1962
27 jun 1962

O Seminário, livro 10, *A angústia*. Rio de Janeiro, Zahar, 2005.

- Não especularidade do objeto *a*

28 nov 1962
9 jan 1963

Seminário *L'objet de la psychanalyse* (inédito).

- Recorte da esfera provida de um *cross-cap*

8 dez 1965 (*cross-cap* e esquema R)
15 dez 1965
5 jan 1966
9 fev 1966
30 mar 1966

- Não especularidade do objeto *a*

12 jan 1966
30 mar 1966

Seminário *La logique du fantasme* (inédito).

- Dentro/fora
- Recorte da esfera provida de um *cross-cap*

16 nov 1966
15 fev 1967

O Seminário, livro 16, *De um Outro ao outro*. Rio de Janeiro, Zahar, 2008.

- Dentro/fora

26 mar 1969
30 abr 1969

* *
*

Notas

Topologia e psicanálise (p.7-22)

1. "... não tardaremos a ter a satisfação de saber que a correção da percepção interna não oferecerá dificuldades tão grandes quanto a correção da percepção externa, que o objeto interno é menos incognoscível que o mundo externo." Sigmund Freud, "L'inconscient", in *Métapsychologie*, Paris, Gallimard, 1940, p.74 [ed. bras.: "Trabalhos sobre metapsicologia. O inconsciente. Justificação do conceito de inconsciente", in *ESB – Edição Standard Brasileira das Obras Psicológicas Completas de Sigmund Freud*, vol.XIV, Rio de Janeiro, Imago, várias eds.].
2. "Admitindo-se a existência de um aparelho psíquico que se estende no espaço ... ." Sigmund Freud, *Abrégé de psychanalyse*, p.70 [ed. bras.: "Esboço de psicanálise", in *ESB*, vol.XXIII]. "A espacialidade pode ser a projeção da extensão do aparelho psíquico. Nenhuma outra derivação é provável. No lugar das condições *a priori* do aparelho psíquico segundo Kant. A psique é extensão, nada sabe a respeito." Sigmund Freud, "Résultats, idées, problèmes", in *Résultats, idées, problèmes II*, Paris, PUF, 1985, p.288 [ed. bras.: *Achados, ideias, problemas*, anotação de 22 ago, in *ESB*, vol.XXIII].
3. Como escreveu Jean Petitot numa introdução esclarecedora sobre a geometria hiperbólica: "a superfície é abstrata na medida em que não existe seu prolongamento *regular* no espaço." Prefácio do livro de I. Hermann, *Parallélisme*, Paris, Denoël, 1980.
4. Albert Lautman, *Structure et existence en mathématiques*, Paris, Hermann, 1938, p.107.

5. Termo com que Pierre Soury qualificou nosso projeto por ocasião de uma discussão deste texto.

Construção visualizada do *cross-cap* (p.23-56)

1. Um primeiro esboço esquemático dessa apresentação encontra-se em: François Tingry, *Nom propre et topologie des surfaces*, tese, 1983.
2. Para o leitor que deseja dar os primeiros passos na topologia, recomendamos um excelente livro de iniciação: Maurice Fréchet e Ky Fan, *Introduction à la topologie combinatoire*, Paris, Vuibert, 1946.
3. A palavra *imersão* não é apanágio dos topólogos. Também os poetas falam dela. Eis o que René Char diz: "O que irá ocorrer banha, tal como o que passou, numa espécie de imersão." Comentando esse poema, Maurice Blanchot escreveu: "Essa *imensidão* da imersão que é o próprio espaço do canto em que vive o todo." Outro poema de Char, "Partage formel", assim a ilumina: "Em poesia, é somente a partir da comunicação e da livre disposição da totalidade das coisas entre si através de nós que nos vemos engajados e definidos, em condições de obter nossa forma original ..." René Char, *Oeuvres complètes*, Paris, Gallimard, 1983, p.1144.
4. Para aprofundar essa diferença entre mergulho e imersão pode-se consultar Michael Spivak, *A Comprehensive Introduction to Differential Geometry*, vol.I, Publish or Perish, 2ª ed., 1979, p.13-8. E também *Encyclopedic Dictionary of Mathematics* (de fonte japonesa), vol.I, Cambridge/Massachusetts, MIT Press, 1977, p.679 e 681.
5. Pierre Soury, *Chaînes et noeuds*, Paris, Thomé et Léger, txt.142, 1986.

Pensar o objeto *a* com o *cross-cap* (p.57-86)

1. Sigmund Freud, "L'inconscient", in *Métapsychologie*, Paris, Gallimard, 1940, p.122-3 [ed. bras.: "Trabalhos sobre metapsicologia. O inconsciente. Avaliação do inconsciente", in *ESB*, vol.XIV].
2. Em topologia, uma superfície tem dois tipos de propriedade. Por um lado, propriedades intrínsecas que dependem apenas da própria natureza da superfície e que estão baseadas em regras e cálculos teóricos: é o caso da propriedade que uma superfície tem de ser orientável ou não orientável. Por outro lado, propriedades extrínsecas que dependem do espaço no qual a superfície está situada: é o caso da propriedade de ser unilátera ou bilátera (ter um lado ou dois lados). A mesma superfície, unilátera em determinado espaço, pode ser bilátera em outro. Cf. Herbert Seifert e William Threlfall, *A Textbook of Topology* (Nova York, Academic Press, 1980), e também Donald W. Blackett, *Elementary Topology* (Nova York, Academic Press, 1978). Notemos que fica mais delicado estudar essas propriedades quando a superfície entra, em algum lugar, em contato consigo mesma, como é o caso de nossa esfera munida de um *cross-cap*, que, situada num espaço de três dimensões, entra em contato consigo mesma ao longo da linha de autointerseção.
3. Cf. Jacques Lacan: "... de conformidade com a topologia do plano projetivo, é no próprio horizonte da psicanálise em extensão que se ata o círculo interior que traçamos como hiância da psicanálise em intensão." "Proposição de 9 de outubro de 1967 sobre o psicanalista da Escola", in *Outros escritos*, Rio de Janeiro, Zahar, 2003, p.261.
4. Cf. J.-D. Nasio, *Os olhos de Laura: somos todos loucos em algum recanto de nossas vidas*, Rio de Janeiro, Zahar, 2011.
5. "Chama-se *corte* a uma seção feita com tesoura na superfície que parte de um ponto de uma borda e vai dar em um ponto de uma borda ... O corte estará terminado quando tivermos chegado a um ponto de uma borda, seja um ponto das bordas primitivas

ou um ponto das novas bordas determinadas pela passagem da tesoura." Cf. Paul Appel, *Théorie des fonctions algébriques*, t.I, Nova York, Chelsea, 1929, p.100.

6. Note que se você cortar uma janelinha em nosso balão *cross-cap* em um lugar bem distante da linha de autointerseção, obterá os mesmos dois pedaços que se obtêm com o corte do oito interior. Assim, um corte que não atravesse a linha de autointerseção também divide o *cross-cap* em duas partes distintas.
7. Esse esquema do *a posteriori* retoma o esquema do primeiro estágio do grafo que Lacan construiu durante os seminários *As formações do inconsciente* e *O desejo e sua interpretação* (1957, 1958, 1959), para figurar os dois estados do significante. O "pai" do oito dobrado parece de fato ser esse núcleo mínimo do grafo do desejo.
8. Jacques Lacan, "O aturdito", in *Outros escritos*, op.cit., p.472-5, 483, 485-6.
9. Ibid., p.475.
10. Nessa mesma perspectiva, mas com um sentido ligeiramente diferente, Lacan escreve: "... mas é por seu laço duplo [isto é, pelo duplo laço que é o corte em forma de oito interior] que ele faz da esfera uma asfera ou *cross-cap*." Ibid., p.483.
11. Cf. o capítulo "Topologia e psicanálise" no presente volume.
12. Esse ponto deve ser situado numa quarta dimensão.
13. Jacques Lacan, "O aturdito", in *Outros escritos*, op.cit., p.472.
14. Idem. A assimilação do objeto *a* com esse ponto *fora de linha* reproduz o qualificativo ***fora do corpo*** com que Lacan caracteriza o *a*. Cf. J.-D. Nasio, *Os olhos de Laura*, op.cit., p.64-5.
15. Num belíssimo quadro, René Magritte pinta um homem de costas olhando-se num espelho que devolve a imagem desse homem, surpreendentemente, de costas.

Índice topológico

Índice de nomes

Índice geral

Coleção Transmissão da Psicanálise

Não há relação sexual
Alain Badiou

Fundamentos da Psicanálise de Freud a Lacan
(3 volumes)
Marco Antonio Coutinho Jorge

Transexualidade
Marco Antonio Coutinho Jorge; Natália Pereira Travassos

Por Amor a Freud
Hilda Doolittle

A Criança do Espelho
Françoise Dolto e J.-D. Nasio

O Pai e sua Função em Psicanálise
Joël Dor

Introdução Clínica à Psicanálise Lacaniana
Bruce Fink

A Psicanálise de Crianças e o Lugar dos Pais
Alba Flesler

Freud e a Judeidade
Betty Fuks

A Psicanálise e o Religioso
Phillipe Julien

O Que É Loucura?
Simplesmente Bipolar
Darian Leader

5 Lições sobre a Teoria de Jacques Lacan
9 Lições sobre Arte e Psicanálise
Como agir com um adolescente difícil?
Como Trabalha um Psicanalista?
A Dor de Amar
A Dor Física
A Fantasia
Os Grandes Casos de Psicose
A Histeria
Introdução à Topologia de Lacan
Introdução às Obras de Freud, Ferenczi, Groddeck, Klein, Winnicott, Dolto, Lacan
Lições sobre os 7 Conceitos Cruciais da Psicanálise
O Livro da Dor e do Amor
O Olhar em Psicanálise
Os Olhos de Laura
Por que repetimos os mesmos erros?
O Prazer de Ler Freud
Psicossomática
O Silêncio na Psicanálise
Sim, a Psicanálise Cura!
J.-D. Nasio

Guimarães Rosa e a Psicanálise
Tania Rivera

A Análise e o Arquivo
Dicionário amoroso da psicanálise
Freud – Mas Por Que Tanto Ódio?
Lacan, a despeito de tudo e de todos
O Paciente, o Terapeuta e o Estado
A Parte Obscura de Nós Mesmos
Retorno à Questão Judaica
Sigmund Freud na sua época e em nosso tempo
Elisabeth Roudinesco

O Inconsciente a Céu Aberto da Psicose
Colette Soler

1ª EDIÇÃO [2011]

ESTA OBRA FOI COMPOSTA POR SUSAN JOHNSON EM META PRO
E MINION PRO E IMPRESSA PELA UMLIVRO EM PROCESSO DE
IMPRESSÃO SOB DEMANDA SOBRE PAPEL OFFSET DA SUZANO S.A.
PARA A EDITORA SCHWARCZ A PARTIR DE JUNHO DE 2020

FSC®
www.fsc.org
MISTO
Papel produzido a partir de fontes responsáveis
FSC® C128038

A marca FSC® é a garantia de que a madeira utilizada na fabricação do papel deste livro provém de florestas que foram gerenciadas de maneira ambientalmente correta, socialmente justa e economicamente viável, além de outras fontes de origem controlada.